STEFAN SERVOS

UNNÜTZES WISSEN

FÜR

TOLKIEN FANS

STEFAN SERVOS

UNNÜTZES WISSEN FÜR TOLKIEN FANS

Die spannendsten, absurdesten und lustigsten Fakten rund um Mittelerde

riva

Bibliografische Information der Deutschen Nationalbibliothek
Die Deutsche Nationalbibliothek verzeichnet diese Publikation in der Deutschen Nationalbibliografie. Detaillierte bibliografische Daten sind im Internet über https://dnb.de abrufbar.

Für Fragen und Anregungen
info@m-vg.de

Wichtiger Hinweis
Ausschließlich zum Zweck der besseren Lesbarkeit wurde auf eine genderspezifische Schreibweise sowie eine Mehrfachbezeichnung verzichtet. Alle personenbezogenen Bezeichnungen sind somit geschlechtsneutral zu verstehen.

7. Auflage 2025

Türkenstraße 89
80799 München
Tel.: 089 651285-0

Umschlaggestaltung: Karina Braun
Umschlag- und Innenteilabbildungen: Phatthanit/Shutterstock.com, Sergey Panychev/Shutterstock.com, Hitachin33/Shutterstock.com
Illustrationen: Katharina Borgs
Layout und Satz: Christiane Schuster | www.kapazunder.de
Druck: ScandBook, Litauen
Printed in the EU

ISBN Print 978-3-7423-2139-8
ISBN E-Book (EPUB, Mobi) 978-3-7453-1912-5

INHALT

Elen síla lúmenn' omentielvo.

VORWORT

Mae govannen, liebe Hobbits, Elben, Zwerge und natürlich auch Orks. Obwohl es nun schon fast 70 Jahre her ist, dass J. R. R. Tolkiens *Der Herr der Ringe* erstmals in den Buchhandlungen stand, ist dieses Werk lebendiger als je zuvor und versetzt ganze Generationen immer wieder aufs Neue in literarische Verzückung. Mich begleitet Tolkiens Werk, seit ich elf Jahre alt bin, und meine Leidenschaft ist seither ungetrübt und hat mein Leben stark geprägt – beispielsweise als ich als deutscher Berater der *Herr der Ringe*-Verfilmung zu den Dreharbeiten nach Neuseeland eingeladen wurde.

J. R. R. Tolkiens Mittelerde-Kosmos war sein Lebenswerk, das er von frühster Jugend an bis zu seinem Tod gestaltet und auch immer wieder überarbeitet hat. Eine finale oder gar offizielle Version davon gibt es nicht. Daher kann es auch zu den in diesem Buch genannten Fakten und Hintergründen bei Tolkien widersprüchliche Angaben geben.

Diese Komplexität darzustellen, ist aber auch gar nicht mein Anspruch. Ich möchte mit diesem Buch all jene kurzweilig unterhalten, die mit Vergnügen die Romane gelesen oder die Filme gesehen haben. Und es würde mich natürlich freuen, wenn es mir gelänge, bei der einen oder dem anderen die Neugier und den Wunsch zu wecken, tiefer in Tolkiens Mythologie einzutauchen.

Stefan Servos, Mai 2022

AUS ALLER WELT

Die Erstauflage von John Ronald Reuel Tolkiens *The Lord of the Rings: The Fellowship of the Ring* im Jahr 1954 betrug nur 3000 Exemplare.

In frühen Fassungen des *Herrn der Ringe* hieß Gandalfs Pferd noch Aragorn.

Die *Herr der Ringe*-Filmtrilogie von Peter Jackson war für insgesamt 30 Oscars nominiert und gewann 17 von ihnen. Das hatte kein Film zuvor geschafft. Rekord!

Eine Frau aus Brasilien betete jahrelang zu einer Elrond-Figur, weil sie diese für eine Miniatur des heiligen Antonius von Padua hielt.

Eine 1974 entdeckte Wespenart wurde von ihrem schwedischen Entdecker Karl-Johan Hedqvist »Legolasia« genannt, nach dem Elb Legolas.

Die britische Rockband Marillion aus den 1980er-Jahren entlehnte ihren Namen dem *Silmarillion*, Tolkiens Lebenswerk über die Mythologie von Mittelerde. Der Grund: Mick Pointer, der damalige Schlagzeuger der Band, war ein großer Tolkien-Fan.

Star Trek-Schauspieler Leonard Nimoy nahm in den 1960er-Jahren einen ziemlich albernen Song mit dem Titel »The Ballad of Bilbo Baggins« auf.

Die Verehrung seines Romans durch die amerikanische Hippie-Bewegung konnte Tolkien nicht verstehen. Er habe einen anderen Zugang zu dem Stoff, schrieb er einmal in einem Brief. Er nannte diese Fans seinen »bedauernswerten Kult«.

2021 wurde eine Kryptowährung namens JRR Token eingeführt, die mit dem Werbeslogan »One coin to rule them all« warb. Die Tolkien-Erben sahen darin eine Urheberrechtsverletzung und ließen diese erfolgreich verbieten.

Die Deutsche Tolkien Gesellschaft e.V. wurde 1997 in Köln gegründet.

In dem *Star Wars*-Film *Die Rückkehr der Jedi-Ritter* wohnen die Ewoks auf einem Waldmond namens Endor. Endor ist die elbische Bezeichnung für Mittelerde. Da George Lucas ein großer *Herr der Ringe*-Fan ist, war dies vermutlich kein Zufall.

Für die Zeichentrickverfilmung aus dem Jahr 1978 wurden die meisten Szenen mit realen Schauspielern in Spanien gedreht, die dann per Hand überzeichnet wurden (das sogenannte Rotoskopieverfahren).

2004 wurden etwa 250 000 Deutsche vom ZDF nach ihrem Lieblingsbuch gefragt. *Der Herr der Ringe* landete dabei auf Platz 1, gefolgt von der Bibel.

Als der US-amerikanische Astronom Martin Watt am 14. April 1982 einen etwa elf Kilometer großen Asteroid entdeckte, taufte er ihn *Tolkien*. Einen weiteren Asteroiden, den er ein paar Tage später entdeckte, nannte er *Bilbo*.

TOLKIEN FACTS

Hörspiel der Rekorde

Das deutsche *Herr der Ringe*-Hörspiel (1991) war mit 96 Sprecherinnen und Sprechern und einem Budget von einer halben Millionen Euro eine der teuersten deutschen Hörspielproduktionen aller Zeiten. Es ist etwa zwölf Stunden lang.

Mystische Zahlen

Laut des bekannten Ringgedichts gibt es drei Ringe für die Elben, sieben für die Zwergenherrscher, neun für die sterblichen Menschen und einen für Sauron. Diese Zahlenkombination rückwärts gelesen ergibt 1-9-7-3, das Todesjahr von J. R. R. Tolkien.

TOLKIEN FACTS

Tolkiens Lieblingsbaum

Eine über 200 Jahre alte große Schwarzkiefer im Botanischen Garten in Oxford war Tolkiens absoluter Lieblingsbaum, vor dem er sich auch gerne fotografieren ließ. Im Sommer 2014 kollabierte der Baum aufgrund seines Alters und musste gefällt werden. Von dem Moment des Zusammenbruchs gibt es ein Handyvideo auf YouTube.

Royale Zeichnungen

Die Illustrationen der dänischen Fassung von *Der Herr der Ringe* stammten von einer Künstlerin namens Ingahild Grathmer. Später kam heraus, dass dies nur ein Pseudonym war, hinter dem sich niemand Geringeres als Margrethe II., die Königin von Dänemark, verbarg.

Regisseur Tim Burton *(Nightmare Before Christmas)* arbeitete als Zeichner an der Zeichentrickverfilmung von *Der Herr der Ringe* (1978). Es war sein erster Job in der Filmbranche.

Das Auenland-Set in Neuseeland wurde nach den *Herr der Ringe*-Dreharbeiten komplett abgerissen. Erst als die Verfilmung von *Der Hobbit* anstand, baute man es neu auf und beschloss, es dauerhaft als Touristenattraktion zu erhalten.

Prinz Charles ist seit seiner Kindheit ein großer Bewunderer von Tolkien und ließ es sich daher auch nicht nehmen, die Dreharbeiten zu *Der Hobbit* in Neuseeland zu besuchen.

Tolkien schrieb einmal, dass er seine Werke lieber auf Elbisch geschrieben hätte.

Rolling-Stones-Sänger Mick Jagger bewarb sich für die Rolle von Frodo in der *Herr der Ringe*-Zeichentrickverfilmung von Ralph Bakshi, wurde aber abgelehnt.

In der Zeichentrickverfilmung von *Der Herr der Ringe* von Ralph Bakshi wurde Legolas von dem Schauspieler Anthony Daniels gesprochen, dem Darsteller von C-3PO aus *Star Wars*.

Ein Krater auf dem Planet Merkur wurde 2012 »Tolkien« genannt.

1978 erschien *Das Silmarillion* in Deutschland zunächst in einer unautorisierten Übersetzung und ohne Lizenz beim Berliner Verlag Die Drei.

DIE RINGE DER MACHT

Der Eine Ring

Geschmiedet von Sauron in den Schicksalsklüften im Schicksalsberg.

Kräfte: *Unsichtbarkeit, Gedankenverbindung, Lebensverlängerung, Macht über alle anderen magischen Ringe*

Träger: *Sauron, Isildur, Gollum, Bilbo, Frodo, Sam*

Weil Facebook-Chef Mark Zuckerberg immer auf alles ein Auge hat und dazu neigt, seine Mitarbeiter zu kontrollieren, wird er von ihnen nach eigener Aussage »Das Auge von Sauron« genannt.

Das größte deutsche Tolkien-Fan-Treffen sind die Tolkien-Tage in Geldern-Pont, zu denen mittlerweile jährlich über 11 000 Besucher strömen.

2010 baute Tolkien-Fan Pat Acton die Mittelerde-Stadt Minas Tirith aus 420 000 Streichhölzern nach.

Ursprünglich wollte J. R. R. Tolkien seinen Roman *The Magic Ring* nennen, entschied sich aber anders. Der alte Titel befindet sich durchgestrichen noch auf einem originalen Deckblatt des *Herr der Ringe*-Manuskripts.

Die Firmen des deutschstämmigen Milliardärs Peter Thiel heißen Mithril Capital, Rivendell One, Lembas, Valar Ventures und Palantir Technologies.

Árpád Göncz, der Übersetzer der ungarischen Version von *Der Herr der Ringe*, wurde später der Staatspräsident seines Landes.

Der spanische Fußballstar Fernando Torres hat seinen Namen in elbischen Tengwar-Runen auf seinen linken Unterarm tätowiert.

Eine Gebirgsformation auf dem Saturnmond Titan wurde von den Astronomen »Doom Mons« benannt, nach Tolkiens »Mount Doom«, also dem Schicksalsberg.

Das BBC-Hörspiel *Lord of the Rings* von 1981 dauert 13 Stunden. Das Drehbuch schrieb Brian Sibley, der später auch viele der Filmbücher zu Peter Jacksons Filmadaptionen verfasste und von dem neuseeländischen Regisseur angeheuert wurde, dessen Biografie zu schreiben.

Tolkien verkaufte die Filmrechte an *Der Herr der Ringe* und *Der Hobbit* im Jahr 1969 für läppische 100 000 Pfund. Für eben diese Rechte zahlte Amazon kürzlich umgerechnet etwa 250 Millionen Dollar, also mehr als das Tausendfache. Die Wertsteigerung lässt sich vor allem durch den Erfolg der *Herr der Ringe*-Verfilmung von Peter Jackson erklären.

TOLKIEN FACTS

Gesänge aus Mittelerde

Das 1995 in Dänemark von Komponist Caspar Reiff gegründete *Tolkien Ensemble* schuf die erste vollständige Vertonung der Gedichte in Tolkiens *Der Herr der Ringe*. Als Sänger für die Lieder von Baumbart konnte Saruman-Darsteller Christopher Lee gewonnen werden.

Verlegersohn als Gutachter

Im Jahr 1936 bekam der damals zehnjährige Rayner Unwin das unveröffentlichte Manuskript von J. R. R. Tolkiens *Der Hobbit* zur Begutachtung. Er mochte die Geschichte und war der Ansicht, es werde allen Kindern im Alter von fünf bis neun Jahren gefallen. Rayner Unwin wurde später der Verleger von Tolkien.

TOLKIEN FACTS

Der erste Tolkien-Shop der Welt

Im südholländischen Ort Leiden gibt es seit 1986 einen Laden namens »Tolkien Winkel«, der ausschließlich Tolkien-Memorabilia verkauft. Einige Jahre vor dem Drehbeginn der *Herr der Ringe*-Filmtrilogie bekam Inhaber René van Rossenberg eine sehr umfangreiche Bestellung von einem gewissen Peter Jackson aus Neuseeland. Damals sagte ihm der Name aber noch nichts.

Ideenklau

Der 1977 veröffentlichte Fantasyroman *Das Schwert von Shannara* ist über weite Strecken hinweg fast eine detailgetreue Kopie der Handlung und Motive des *Herrn der Ringe* und erntete dafür zwar jede Menge Kritik, war aber auch etwas, das sich viele Fantasy-Fans damals offenbar wünschten, denn es wurde zum Bestseller.

Der Name der schwedischen Heavy-Metal-Band Amon Amarth ist das Sindarin-Wort für den Schicksalsberg. Die Band selbst hat keinen Tolkien-Bezug, sondern fand nach eigener Aussage einfach nur den Namen cool.

Tolkien-Fan Stefano Mapelli hat die Stadt Minas Tirith aus 110 000 Lego-Steinen nachgebaut.

Das Grab von J. R. R. Tolkien und seiner Frau Edith auf dem Wolvercote Cemetery in Oxford (England) ist für viele Fans seit vielen Jahren eine Pilgerstätte und immer mit allerlei Tand und Briefen geschmückt.

Die finnische Metalband Nightwish benutzt einige Sätze des Erzählers aus der Einleitung des *Herr der Ringe*-Zeichentrickfilms in ihrem Lied »Elvenpath«.

Die Elben und die Spinnen im deutschen *Hobbit*-Hörspiel wurden von denselben Schauspielerinnen gesprochen (Uta Hallant und Lieselotte Rau).

Die im Jahr 2000 erschienene deutsche Neuübersetzung des *Herrn der Ringe* von Wolfgang Krege löste einen gewaltigen Shitstorm durch die Fans aus, woraufhin der Verlag auch die alte Übersetzung von Margaret Carroux wieder ins Programm aufnahm.

Ein paar Spieler haben in dem Sandbox-Computerspiel *Minecraft* zehn Jahre lang ganz Mittelerde nachgebaut.

Eine ausgestorbene Bärtierchen-Art aus der Kreidezeit wurde 1964 vom Entdecker Kenneth W. Cooper »Beorn leggi« benannt, nach der Figur Beorn in *Der Hobbit*.

Es gibt von der Firma Mattel nicht nur Barbie and Ken als Arwen and Aragorn, sondern auch eine offizielle Galadriel-Barbie.

Die Synchronisation der *Herr der Ringe*-Filme orientiert sich an der von den meisten Fans geschätzten alten Übersetzung des *Herrn der Ringe* durch Margaret Carroux.

Die 1976 gegründete amerikanische Heavy-Metal-Band Cirith Ungol benannte sich nach der Höhle, in der die Spinne Kankra lebt.

Bei der Oscarverleihung 2004, bei der *Die Rückkehr des Königs* der große Abräumer des Abends war, gingen Peter Jackson und die Schauspieler danach nicht auf die VIP-Party der Hollywood-Society, sondern auf eine Feier, die von Tolkien-Fans organisiert worden war.

Gollum wurde im WDR-Hörspiel *Der kleine Hobbit* von Jürgen von Manger gesprochen, der in den 1960er- und 1970er-Jahren einer der berühmtesten deutschen Komiker war.

Als der britische Schauspieler Alec Guinness die Rolle des Obi-Wan Kenobi in *Krieg der Sterne* angeboten bekam, wollte er eigentlich ablehnen. Erst als Regisseur George Lucas ihm erklärte, dass die Rolle von Tolkiens Figur Gandalf inspiriert worden sei, sagte Guinness zu.

Der Synchron-Regisseur der *Herr der Ringe*-Filme war Andreas Fröhlich, der als Detektiv Bob Andrews in der Hörspiel-Reihe *Die drei Fragezeichen* berühmt wurde. Er spricht in der Verfilmung außerdem die Rolle von Gollum.

In einer Folge der US-Sitcom *The Big Bang Theory* findet Sheldon den Einen Ring aus *Der Herr der Ringe*.

In der deutschen Fassung der *Herr der Ringe*-Filme wird Samweis Gamdschie von dem Schauspieler Patrick Bach gesprochen, der Anfang der 1980er-Jahre durch die ZDF-Serien *Silas* und *Anna* zum Kinderstar geworden war.

Die *Herr der Ringe*-Fan-Fiction-Geschichte »At the Edge of Lasg'len« ist zehnmal länger als der *Herr der Ringe*.

Das kanadische »Wilderness Committee« benannte einen der ältesten und größten Bäume Kanadas nach Tolkien. Der Stamm der uralten Zeder mit dem Namen *Tolkien Giant* hat einen Durchmesser von 4,76 Metern.

C. S. Lewis, der Verfasser der *Narnia*-Romane, war einer von Tolkiens engsten Freunden.

Tolkien schrieb *Der Hobbit* und *Der Herr der Ringe*, während er in der Northmoor Road 20 in Oxford wohnte. Im Jahr 2021 versuchten Fans, durch eine Crowdfunding-Aktion 4,5 Millionen Pfund zusammenzubringen, um das Haus zu kaufen und in einen Fan-Treffpunkt umzuwandeln. Die Aktion scheiterte aber.

TOLKIEN FACTS

Late-Night-Moderator in Mittelerde

Der amerikanische Fernsehmoderator Stephen Colbert ist seit seiner Jugend leidenschaftlicher Tolkien-Fan und hat mehrfach sein umfangreiches Mittelerde-Wissen unter Beweis gestellt. In der Verfilmung von *Der Hobbit* durfte er daher in einer kleinen Gastrolle als Spion von Seestadt mitspielen.

Ein fantastisches Geschäftsmodell

Der deutsche Merchandise-Shop *Elbenwald* wurde im Jahr 2000 von drei Tolkien-Fans gegründet und bot zunächst auch nur Produkte zum *Herrn der Ringe* an. Erst einige Jahre später wurde das Angebot um andere Themen erweitert. Mittlerweile verfügt der Elbenwald über mehr als 30 Filialen in Deutschland und Österreich. Wer den AGB des Unternehmens zustimmt, der verpflichtet sich dazu, »ein guter Mensch zu sein«.

TOLKIEN FACTS

Raubkopie löst Fan-Hype aus

1965 erschien *Der Herr der Ringe* erstmals in den USA, allerdings nur in einer nicht autorisierten Taschenbuchausgabe von Ace Books in drei Bänden, die jeweils nur 75 Cent kosteten. Diese illegale Fassung löste maßgeblich den Fan-Hype in den USA aus, war Tolkien aber ein Dorn im Auge, gegen den er rechtlich vorging.

Die Fab Four im Auenland

Ende der 1960er-Jahre planten die *Beatles* eine Verfilmung von *Der Herr der Ringe* mit sich selbst in den Hauptrollen. Paul McCartney sollte Frodo verkörpern, Ringo Starr seinen Freund Sam, John Lennon sollte Gollum spielen und George Harrison den Zauberer Gandalf. Für die Regie war Stanley Kubrick *(2001: Odyssee im Weltraum)* vorgesehen. Tolkien verweigerte ihnen jedoch die Filmrechte.

Bei einer Umfrage des Onlinebuchhändlers Amazon.com im Jahr 1999 wurde *Der Herr der Ringe* zum »beliebtesten Buch des Jahrhunderts« gewählt.

In dem Led-Zeppelin-Song »Ramble On« von 1969 geht es darum, dass Mordor ein toller Ort ist, um hübsche Frauen aufzureißen, und dass sich Gollum und Sauron darum streiten, wer die Freundin des Erzählers bekommt.

Herr der Ringe-Fan Akhil Suhas wanderte 15 000 Kilometer im Gandalf-Kostüm durch Neuseeland.

Die *Herr der Ringe*-Filmtrilogie wurde insgesamt für 800 Filmpreise nominiert und gewann 475 davon. Damit ist sie die meistausgezeichnete Filmreihe der Kinogeschichte.

In dem Computerspiel *Mittelerde: Schatten des Krieges* kann die Riesenspinne Kankra die Gestalt einer attraktiven jungen Frau annehmen.

Ex-US-Präsident Barack Obama erzählte einmal in einem Interview, er sei in seiner Jugend ein großer Tolkien-Fan gewesen.

Aus aller Welt

Der Schriftsteller C. S. Lewis schlug Tolkien 1961 für den Literaturnobelpreis vor. Dies wurde aber vom Komitee abgelehnt, weil der *Herr der Ringe* angeblich keine literarischen Qualitäten hätte. Von wegen!

Für die Abbildung des Zauberers Gandalf auf dem Cover der ersten deutschen *Hobbit*-Ausgabe (1957) ließ sich der Künstler Horus Engels vom Aussehen des Übersetzers Walter Scherf inspirieren, der den Roman ins Deutsche übertragen hatte.

1993 wurde eine (unautorisierte) viereinhalbstündige *Herr der Ringe*-Verfilmung in neun Teilen im finnischen Fernsehen ausgestrahlt, deren Handlung sich auf die Reise von Frodo und Sam fokussiert.

Myk Jung, der Sänger der in den 1980er- und 1990er-Jahren populären Essener Electro-Rock-Band The Fair Sex, hat eine deutschsprachige *Herr der Ringe*-Parodie mit dem Titel »Der Herr der Ohrringe« geschrieben.

Die weltweit erste Tolkien-Gesellschaft wurde 1967 unter dem Namen »Mythopoeic Society« in Los Angeles gegründet.

Sexfilm-Regisseur Terry M. West drehte mit *Lord of the G-Strings* eine Softerotik-Parodie von *Der Herr der Ringe,* in der die weiblichen Hauptcharaktere Dildo, Horny, Spam und Araporn losziehen, um einen magischen G-String zu zerstören.

Die Krefelder Metalband Blind Guardian hat der Welt J. R. R. Tolkiens viele Songs und mehrere Alben gewidmet. Sie bewarben sich bei Peter Jackson auch als Komponisten für den Soundtrack der *Herr der Ringe*-Filmtrilogie, was aber nicht zustande kam.

Im niederländischen Städtchen Geldrop steht ein Stadtteil ganz im Zeichen Tolkiens. Die Straßen dort heißen unter anderem Lorien, Elendil, Elros, Legolas, Celeborn, Bombur, Dwalin, Fili, Thorin, Bifur, Galadriel, Anarion, Elrond, Palantir und Westernisse. Außerdem gibt es unter anderem eine Hobbitgrundschule und einen Lorien-Spielplatz. Die Hauptstraße heißt natürlich Laan van Tolkien.

DIE RINGE DER MACHT

DIE DREI ELBENRINGE

Geschmiedet von dem Elbenschmied Celebrimbor in Eregion ohne Saurons Einfluss.

NENYA – DER RING DES WASSERS

Kräfte: *Heilung und Schutz vor Bösem*

Träger: *Galadriel*

VILYA – DER RING DER LUFT

Kräfte: *Heilung*

Träger: *Elrond*

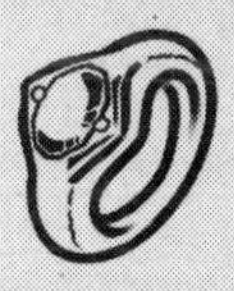

NARYA – DER RING DES FEUERS

Kräfte: *Stärkung des Herzens*

Träger: *Gandalf*

TOLKIEN FACTS

Erster Hobbit auf Zelluloid

Die erste Tolkien-Verfilmung überhaupt war eine amerikanische Zeichentrickfassung des *Hobbits* aus dem Jahr 1967 von William L. Snyder. Die Handlung des Films weicht stark vom Roman ab, unter anderem wird Bilbo von einer Prinzessin auf seiner Abenteuerreise begleitet, die ihn am Ende heiratet.

Beleidigter Übersetzer

Die erste schwedische Übersetzung des *Herrn der Ringe* durch Åke Ohlmarks war so schlecht, dass J. R. R. Tolkien sie nicht autorisierte. Der Übersetzer fühlte sich dadurch dermaßen verletzt, dass er ein ganzes Buch darüber schrieb, was für ein lausiger Autor Tolkien doch sei und dass seine Fans allesamt Anhänger eines satanischen Nazi-Kultes seien.

TOLKIEN FACTS

Pixelpower

Das erste Computerspiel zu Tolkiens Werken war das illustrierte Text-Adventure *The Hobbit,* das 1982 zunächst für den Heimcomputer Sinclair ZX Spectrum erschien. In dem Abenteuer schlüpfte der Spieler in die Rolle von Bilbo Beutlin und hat unter anderem die Möglichkeit, Gandalf zu töten.

Bitte das Rauchen einstellen

Die neuseeländische Fluglinie Air New Zealand hat ein Sicherheitsvideo mit Figuren aus Mittelerde gedreht, unter anderem mit Elijah Wood und Peter Jackson. Die Regie übernahm Taika Waititi (der Regisseur von *Thor: Tag der Entscheidung*), der auch als Gandalf in dem Video zu sehen ist.

Der Leadsänger der norwegischen Dark-Metal-Band Dimmu Borgir nennt sich selbst Shagrath, nach einem Ork aus *Der Herr der Ringe*.

Hollywoodstar Megan Fox (bekannt aus *Transformers*) erklärte auf einer Pressekonferenz, dass sie ein großer Tolkien-Fan sei und sich auch anonym an Forendiskussionen im Internet beteilige.

Im deutschen *Herrn-der-Ringe*-Hörspiel aus dem Jahr 1992 werden viele Namen falsch ausgesprochen, beispielsweise Celeborn als »Zeleborn« (statt richtig »Keleborn«).

In einem der ersten Drehbuchentwürfe von *Krieg der Sterne* gab es einen Dialog zwischen Obi-Wan Kenobi und Luke Skywalker, den George Lucas fast eins zu eins aus Tolkiens *Der Hobbit* kopiert hatte.

Um den ersten Teaser-Trailer zur Amazon-Serie *Die Ringe der Macht* zu promoten, lud der Streamingriese ausgewählte Influencer Anfang 2022 auf eine Burg auf Mallorca ein.

US-Schauspieler James Franco ist nach eigener Aussage ein großer Tolkien-Fan.

DER HERR DER RINGE UND DER HOBBIT

In J. R. R. Tolkiens erster Textfassung des *Herrn der Ringe* war der Waldläufer Streicher ein Hobbit namens Trotter, der immer hölzerne Schuhe trug.

Aragorn ist mit Arwen verwandt, weil er von Arwens Onkel Elros abstammt.

Tolkien hat über zwölf Jahre an *Der Herr der Ringe* geschrieben.

Legolas war laut Tolkien 1,83 Meter groß.

Als Tolkien die Hobbits erfand, ließ er sich von Edward Wyke-Smiths Kinderbuch *Im kleinen wilden Schnergenland* inspirieren, das er abends seinen Kindern vorlas.

Bree ist nicht nur der Ort, wo die Hobbits auf Aragorn treffen, sondern auch das walisische Wort für »Hügel«.

TOLKIEN FACTS

Anachronismus

Trotz der eher mittelalterlich anmutenden Welt gab es in verschiedenen Gebieten Mittelerdes Uhren. In Minas Tirith wird eine Turmuhr erwähnt und die Hobbits kannten sogar Taschenuhren. Bilbo hatte außerdem eine Uhr auf dem Kaminsims stehen und erwähnt eine Uhr in seinem Nachlass.

Inspiriert durch die Sagenwelt

Tolkiens Werke sind stark beeinflusst durch nordische Sagen und Mythen, so sind in *Der Hobbit* viele Elemente aus dem epischen Heldengedicht *Beowulf* eingeflossen und viele der Namen sind nordischen Sagen entnommen. Der Name Gandalf beispielsweise ist den Heldenliedern der Älteren Edda entlehnt und bedeutet so viel wie »Stab-Alb«.

TOLKIEN FACTS

Dong – long! Dongelong!

Tom Bombadil ist eine der mysteriösesten Figuren in Tolkiens Werk. Er scheint Macht über die Natur zu haben und ist der einzige Charakter in Mittelerde, dem der Eine Ring nichts anhaben kann. Manche Fans vermuten, dass es sich um einen der Götter (Valar) oder vielleicht sogar Allvater Ilúvatar selbst handelt, was Tolkien aber nie bestätigte.

Durch Zufall eine Trilogie

J. R. R. Tolkien hat den *Herrn der Ringe* nie als Trilogie geplant, sondern eigentlich in sechs Bänden geschrieben, die in einem Buch veröffentlicht werden sollten. Während der Nachkriegszeit war Papier in Großbritannien aber so knapp und teuer, dass der Verlag beschloss, den Roman in drei einzelnen Büchern herauszubringen.

In Gondor waren verschiedene Münzprägungen in Gebrauch, unter anderem der Tharni, eine Silbermünze, die ein Viertel eines Castar (oder Canath) wert war, der wiederum einem Viertel eines Mirian entsprach.

Der Weiße Turm auf der obersten Ebene von Minas Tirith war 90 Meter hoch und wurde als Aufbewahrungsort für den Palantír gebaut.

Im ersten Entwurf des *Herrn der Ringe* feiert Bilbo Beutlin seinen 70. Geburtstag, nicht seinen 111.

Ein Hobbit (vom Stamm der Harfüße) war laut Tolkien durchschnittlich 1,07 Meter (»3 foot and 6 inches«) groß.

Für die Sprache der Rohirrim erfand Tolkien keine eigene Sprache, sondern verwendete einfach Altenglisch beziehungsweise bei den Legenden aus Rohan Gotisch.

82 Prozent der namentlich genannten Charaktere in Tolkiens Werken sind männlich.

Die Stadt Thal am Erebor war für die Herstellung von hochwertigem Kinderspielzeug bekannt.

Aragorns Schwert Andúril wurde ursprünglich im Ersten Zeitalter von einem Zwerg geschmiedet.

Für die Stimme von Baumbart ließ sich J. R. R. Tolkien angeblich von der dröhnenden Stimme seines Freundes und Autorenkollegen C. S. Lewis inspirieren.

Das Wort »Théoden« ist altenglisch für »König«. *König Théoden* ist also eigentlich eine unnötige Dopplung.

Sam war der kleinste der vier Hobbitfreunde.

Alle Ringgeister bis auf den Hexenkönig hatten Angst vor Wasser.

Der Zwerg Ori wird im gesamten Roman *Der Hobbit* nur 11 Mal namentlich erwähnt, Thorin hingegen 251 Mal.

Obwohl der Zauberer Radagast der Braune als Freund der Vögel und Tiere beschrieben wird, weiß Gandalf laut Tolkien letztlich weit mehr über Vögel und Tiere im Allgemeinen als sein Vetter. Kein Wunder also, dass schon Beorn im *Hobbit* Radagast eher kritisch gegenüber steht.

Das Wort »Ent« ist Altenglisch und bedeutet »Riese«.

Das Sumpfgebiet namens »Gladden Fields« (wo Isildur getötet wurde) wurde nach dem altenglischen Wort für »Schwertlilien« benannt. Die deutsche Übersetzung »Schwertelfelder« greift diese Anspielung auf.

Sméagol und Déagol sind, anders als häufig angenommen, keine Brüder, sondern lediglich Freunde.

Als Streicher den Hobbits im Gasthaus Zum Tänzelnden Pony begegnet, deutet er in einem Nebensatz an, dass er Bilbo kennt.

Das Elbenpaar Galadriel und Celeborn war nach Tolkiens Aufzeichnungen verwandt. In seinen Aufzeichnungen erwähnt er, dass Galadriels Großvater Olwe und Celeborns Großvater Elmo Brüder waren. Und ja, der hieß wirklich Elmo, wie das kleine rote Pelzmonster aus der Sesamstraße.

Durin, der Königstitel der Zwerge, wird nicht vererbt, sondern ist an eine Seele gebunden, die immer wieder in neuen Körpern erscheint. So steckte in allen sieben Zwergenkönigen mit dem Namen Durin auch der gleiche Geist. (Tolkien bezeichnete dies als »Wiedererscheinen«.)

Gegenstände, die einem am Herzen liegen, aber keine Funktion haben, nannten die Hobbits »Mathom« (aus der Hobbitsprache übersetzt »Schatz«). Wir würden wohl »Staubfänger« sagen.

Galadriel ist Arwens Großmutter.

TOLKIEN FACTS

Die verlassene Herberge

In einer frühen Fassung von *Der Hobbit* übernachten Bilbo und die Zwerge in den Ruinen einer zerstörten Herberge ungefähr 20 Meilen östlich von Bree. Später wird die verlassene Herberge auch von Aragorn in *Der Herr der Ringe* erwähnt. Vor ihrer Zerstörung hieß das Gasthaus »Die Letzte Herberge«.

Ein außergewöhnliches Kapitel

»Der Rat von Elrond« ist nicht nur das mit Abstand längste Kapitel (16 404 Wörter) des *Herrn der Ringe*, sondern auch das außergewöhnlichste. Es ist sehr komplex, beinhaltet aber keinerlei aktive Handlung, sondern nur ein Gespräch zwischen zwölf Personen, von denen die Mehrheit (sieben) dem Leser völlig unbekannt sind und zum ersten Mal auftauchen. Der größte Sprechanteil gehört Gandalf, der wiederum zahlreiche weitere Personen zitiert, wie beispielsweise Wirt Butterblume. Heutzutage würde es so ein Kapitel bei keinem Verlag durchs Lektorat schaffen.

TOLKIEN FACTS

Vergesslicher Hobbit

Als König Théoden dem Hobbit Pippin erklärt, dass er schon von dem Volk der Hobbits gehört habe, sagt Pippin erfreut, dass er auf der gesamten Reise niemals zuvor Leute getroffen habe, die das Volk der Hobbits kannten. Dies ist natürlich Unsinn, denn tatsächlich hat er massenweise Leute getroffen, denen Hobbits ein Begriff waren, unter anderem Tom Bombadil oder die Elben in Bruchtal.

Bilinguale Zwergenrunen

Die Inschrift auf Balins Grabstein war zweisprachig gehalten, einmal in Zwergensprache und einmal in der Allgemeinsprache Westron beziehungsweise auf der Abbildung in der Originalausgabe von *Lord of the Rings* entsprechend auf Englisch. In den deutschen Übersetzungen von Wolfgang Krege findet sich eine Übertragung der Runeninschrift ins Deutsche abgebildet, die aber fehlerhaft ist. Bei den Carroux-Übersetzungen hat man die englische Runeninschrift übernommen.

In den ersten deutschen Ausgaben von *Der Herr der Ringe* fehlte in den Anhängen der Teil E über die Aussprache. Dieses Kapitel wurde nachträglich von Helmut W. Pesch übersetzt und etwa zehn Jahre nach der Erstveröffentlichung eingefügt.

Für den Namen und die Beschreibung von Tom Bombadil ließ sich J. R. R. Tolkien von einer holländischen Puppe inspirieren, die seinem Sohn Michael gehörte. Michaels Bruder John konnte die Puppe nicht leiden und versuchte, sie einmal erfolglos im Klo runterzuspülen.

Die Inschrift *pedo mellon a minno* auf den Toren von Moria ist elbisch, da sie von dem Elbenschmied Celebrimbor gefertigt worden ist, der auch die drei legendären Elbenringe geschmiedet hat.

Bauer Maggot, der die Hobbits mit seiner Kutsche zur Bockenburger Fähre fährt, ist laut einem Gedicht von Tolkien ein guter Freund von Tom Bombadil und hat mit ihm so manche laue Sommernacht am Feuer gesessen.

Als Frodo in den Westen fuhr, nahm er Galadriels Phiole mit in die Unsterblichen Lande.

In der Nähe von Tolkiens Heimat Oxford gibt es die Orte Brill (»Bree-on-a-hill«) und Chetwode. In Mittelerde liegt Bree am Chetwood (Chetwald).

Das Kapitel »The Departure of Boromir« wurde in den frühen deutschen Ausgaben mit »Boromirs Tod« übersetzt – ein Spoiler, der im englischen Text so nicht vorhanden ist. Nach vielen Beschwerden von Fans änderte der Verlag den Titel später in »Boromirs Abschied«.

In Helms Klamm beklagt sich der kampfesdurstige Gimli, er habe seit den Minen von Moria mit seinen Äxten lediglich auf Holz eingeschlagen (und nicht auf Orks). Dabei vergisst er offenbar, dass er erst Tage zuvor am Amon Hen gegen eine ganze Gruppe von Orks gekämpft hat.

Der Ent Baumbart lebt bekanntlich im Fangorn-Wald. Fangorn ist aber einfach nur das elbische Wort für »Baumbart«.

Den Auenland-Fluss, den man mit der Bockenburger Fähre überqueren kann, nennen die Hobbits »Brandywein«, wobei es sich um eine Verballhornung des offiziellen Namens »Branda nîn« handelt, was so viel wie »Grenzwasser« bedeutet.

Frodo ist zehn Jahre älter als Boromir. Während ihres ersten Zusammentreffens ist Frodo 51 Jahre alt, Boromir entsprechend 41.

Gandalf war laut Tolkien in gebeugter Haltung 1,68 Meter groß.

Der Anduin ist mit einer Länge von 2234 Kilometern der mit Abstand längste Fluss in Mittelerde.

In einer frühen Textfassung des *Herrn der Ringe* heißen die drei Hobbits, die vom Auenland ins Abenteuer ziehen, noch Bingo, Frodo und Odo.

In ihrer eigenen Sprache nennen die Hobbits ihr Volk *Kuduk*.

Sieht man vom Prolog ab, ist »Boromirs Abschied« mit nur 3412 Wörtern das kürzeste Kapitel des *Herrn der Ringe*.

In frühen Versionen des *Herrn der Ringe* hieß Arwen noch Finduilas.

Denethor ist nur ein Jahr älter als Aragorn.

Vor dem *Herrn der Ringe* haben Gandalf und Aragorn schon viele gemeinsame Abenteuer erlebt, die nicht näher beleuchtet werden.

Das kinderreichste Paar von ganz Mittelerde waren Sam Gamdschie und Rosie Hüttinger mit 13 Kindern, gefolgt vom Alten Tuk und seiner Frau Adamanta Pausbacken, die zwölf Kinder hatten.

Die Hauptstadt des Auenlandes ist Michelbinge (und nicht Hobbingen, wie oft vermutet wird).

Im Ersten Zeitalter gibt es zwei Berge in Mittelerde, deren Name aus dem Sindarin übersetzt beide »Einsamer Berg« bedeuten: der Amon Ereb in Beleriand und der Erebor am Langen See.

TOLKIEN FACTS

Nachträgliche Korrektur

Während J. R. R. Tolkien den *Herrn der Ringe* schrieb, änderte er auch ein Kapitel im bereits veröffentlichen *Hobbit*-Roman, um es an die Handlung anzupassen. In der Erstveröffentlichung des *Hobbits* schenkt Gollum Bilbo noch den Zauberring. In der finalen Fassung findet Bilbo den Ring am Boden und streitet sich später mit Gollum darüber, der ihm mit dem Tod droht.

Die ältesten Hobbits

Der älteste von Tolkien erwähnte Hobbit war Sméagol, der 589 Jahre alt war, als er im Feuer der Schicksalskluft starb, gefolgt von Bilbo Beutlin, der mit 131 Jahren nach Westen ging, gefolgt vom Alten Tuk, der 130 Jahre alt wurde (und das sogar ohne den Einen Ring).

TOLKIEN FACTS

Namen-Recycling

Tolkien ist dafür bekannt, dass er in seinem Kosmos unzählige Namen mehrfach verwendet hat. So gibt es beispielsweise zwei Städte namens Minas Tirith, zwei Elben namens Glorfindel und sogar Legolas ist nicht nur einer der Gefährten, sondern auch der Name eines Elben aus Gondolin. Lórien wurde sogar gleich dreifach verwendet, einmal für das Elbenreich von Galadriel in Mittelerde, einmal für einen Garten in Valinor und sogar einer der Valar hieß ebenfalls Lórien. Dies sind nur einige von zahlreichen Beispielen.

Prophetische Inschrift

Im Silmarillion wird beschrieben, dass die Zwergenminen von Khazad-dûm erst »Moria« (»Schwarzer Abgrund«) genannt wurden, nachdem sie von Orks und dem Balrog überrannt worden waren. Es ist daher seltsam, dass dieser Name bereits Jahrhunderte zuvor von Celebrimbor in der Inschrift auf dem Torflügel des Westtors eingraviert worden ist.

Als Aragorn alt war, starb er nicht einfach, sondern er beschloss, dass der Tag gekommen sei, und legte sich auf sein Totenbett.

Sarumans Turm Orthanc war ursprünglich von den Menschen aus Númenor zu Beginn des Dritten Zeitalters errichtet worden.

In der nordischen Mythologie ist *Gimli* der Name einer Halle mit einem goldenen Dach im Götterreich Asgard.

Beorn ist das altnordische Wort für »Bär«.

Der Roman *Der Herr der Ringe* umfasst etwa 480 000 Wörter.

Der mächtigste Palantír des Nordens wurde viele Jahre lang von den Waldläufern im Turm auf der Wetterspitze verwendet. Nach der Zerstörung des Turms durch den Hexenkönig wurde der Palantír nach Fornost gebracht. Von dort floh König Arvedui mit ihm nach Norden und ertrank in der Eisbucht von Forochel. Seither gilt dieser Palantír als verschollen.

Arwen starb im Alter von 2901 Jahren. Sie hatte ihre Unsterblichkeit geopfert, um vier Prozent ihres Lebens (122 Jahre) mit Aragorn verheiratet zu sein.

Die große Ramme Grond war nach dem Kriegshammer von Morgoth benannt, den dieser im Ersten Zeitalter im Kampf gegen Fingolfin, den König der Noldor, verwendete.

Die Ringgeister waren physisch nicht sehr stark, ihre Macht war die Angst und die Dunkelheit, die sie verbreiteten.

Sowohl Arwen als auch Aragorn stammen vom legendären Liebespaar Beren und Lúthien ab..

Im gesamten *Herrn der Ringe* (ohne die Anhänge) kommen 20 Kussszenen vor, 15 davon unter Männern. Als einzige Frau wird Éowyn geküsst, dafür gleich fünf Mal. Damit zählt sie neben Frodo zu den meistgeküssten Charakteren des Romans. Arwen wird nur in den Anhängen einmal vom sterbenden Aragorn auf die Hand geküsst..

Tolkien wollte eigentlich, dass der dritte Band *The War of the Ring* (»Der Ringkrieg«) heißen sollte, aber sein Verleger entschied sich für *The Return of the King* (»Die Rückkehr des Königs«), was nach Tolkiens Meinung die Handlung zu stark vorwegnahm.

Als Frodo zwölf Jahre alt war, ertranken seine Eltern bei einem Bootsunglück auf dem Fluss Brandywein.

Tolkien ließ das elbische Lied in Bruchtal (»A Elbereth Gilthoniel silivren penna míriel«) für den Leser unübersetzt, weil er überzeugt war, dass allein der schöne Klang der Worte genug über den Inhalt aussage.

Es besteht Uneinigkeit unter Fans, ob der Balrog in Moria Flügel hatte oder nicht, denn im Kapitel »Die Brücke von Khazad-dûm« heißt es nur: »Der Schatten um ihn reckte sich wie zwei riesige Flügel.«

Bilbo war bereits 99 Jahre alt, als er Frodo adoptierte.

Aragorn ist 17 Jahre älter als König Théoden.

Etwa 270 Jahre vor den Ereignissen des *Herrn der Ringe* wurde das Auenland von Orks angegriffen, die aber in der legendären Schlacht von Grünfeld durch die Hobbits wieder in die Flucht geschlagen werden konnten.

Die Gewölbe hinter den *Pfaden der Toten*, wo die Armee der Toten haust, waren ursprünglich Tempelanlagen der Menschen des Gebirges, die dort im Zweiten Zeitalter Sauron huldigten.

Für einen später wieder gestrichenen Epilog zum *Herrn der Ringe* hat Tolkien den sogenannten Königsbrief verfasst, einen Brief von Aragorn an Sam, in dem er auf Sindarin und geschrieben in Tengwar-Runen seinen Besuch im Auenland ankündigt. Bei diesem Brief handelt es sich um den längsten zusammenhängenden und von Tolkien verfassten Text auf Sindarin.

Frodo und Sam legen bei ihrer Reise vom Auenland bis zum Schicksalsberg insgesamt 2700 Kilometer zurück, was in etwa der Reisestrecke von Berlin nach Lissabon (Portugal) entspricht. Den größten Teil der Strecke (2123 Kilometer) absolvieren sie im ersten Band *Die Gefährten*.

TOLKIEN FACTS

Kartenkunde

Wenn man die Landkarten von Mittelerde und Europa maßstabsgetreu übereinanderlegt und davon ausgeht, dass das Auenland etwa auf der Höhe von Tolkiens Heimat Birmingham liegt, dann liegt Minas Tirith etwa auf der Höhe der italienischen Stadt Florenz.

Langsame Zwerge

Bilbo und die Zwerge benötigten für die Strecke vom Auenland bis nach Bruchtal mindestens 38 Tage. Frodo und seine Hobbitfreunde haben die gleiche Strecke in nur 28 Tagen zurückgelegt. Eine Erklärung für diese zeitliche Differenz wäre, dass Zwerge wesentlich langsamer reisen als Menschen oder Hobbits. Immerhin hatte ja auch Gimli Probleme, mit Aragorn und Legolas mitzuhalten.

TOLKIEN FACTS

Böse Müller

Die Sandigmanns betrieben die Mühle in Hobbingen und waren sehr unbeliebt. Offenbar zu Recht, denn Müllerssohn Timm Sandigmann kollaboriert gegen Ende des Romans ja sogar mit Saruman. Die Unbeliebtheit des Müllers ist seit dem Mittelalter eine Tradition in englischen Erzählungen, wie zum Beispiel bei Geoffrey Chaucer. Sie rührt daher, dass früher das gesamte Dorf vom Müller abhängig war, weil ihm alle ihr Korn zum Abwiegen bringen mussten. So stand stets der Verdacht des Betruges im Raum.

Sankt-Nimmerleins-Tag

Wenn die Hobbits scherzhaft über einen Tag sprachen, den es niemals geben würde, so war von »Freitag dem ersten« die Rede, denn nach dem Auenland-Kalender begann kein Monat mit einem Freitag.

Aragorns Großvater wurde noch vor dessen Geburt nördlich von Bruchtal von Hügeltrollen getötet; Aragorns Vater wurde von Orks ermordet, als Aragorn zwei Jahre alt war. Elrond wurde sein Ziehvater.

Lutz Farning verlangte für das halb verhungerte Pony Lutz einen Preis von zwölf Silberpfennigen, was dreimal so hoch war wie der eigentliche Wert eines Ponys zu jener Zeit in Breeland.

Sauron fertigte mithilfe der Elbenschmiede weitaus mehr Zauberringe, als die im Ringgedicht erwähnten sieben für die Zwerge und neun für die Menschen. Aber die zahlreichen anderen Ringe waren nicht so mächtig.

Insgesamt wurden zu Anfang des Dritten Zeitalters fünf Zauberer nach Mittelerde geschickt: Saruman der Weiße, Gandalf der Graue, Radagast der Braune. Außerdem die beiden blauen Zauberer Alatar und Pallando, die aber ansonsten kaum erwähnt werden.

Sauron nannte die Riesenspinne Kankra »seine Katze«. Er fütterte sie manchmal mit Gefangenen, für die er keine Verwendung mehr hatte.

Elronds Frau Celebrían hatte bereits 500 Jahre vor der Handlung des *Herrn der Ringe* ein Schiff nach Westen genommen, nachdem sie sich nicht von einer traumatischen Begegnung mit Orks erholen konnte.

Bei Bilbos und Frodos Geburtstagsfeier ist Pippin erst elf Jahre alt! Als die Gefährten ins Abenteuer aufbrechen, ist er bereits 29, aber immer noch nicht volljährig, denn erwachsen ist man bei den Hobbits erst mit 33 Jahren. Kein Wunder also, dass sein Verhalten manchmal etwas »närrisch« ist.

Im Gegensatz zum Auenland beginnt in Gondor die erste Stunde eines neuen Tages nicht mit der Stunde nach Mitternacht, sondern erst mit der Stunde nach Sonnenaufgang. So entspricht zum Beispiel acht Uhr morgens im Auenland der zweiten Stunde in Gondor.

Der Herr der Ringe wurde von Tolkien auch nach Veröffentlichung von Auflage zu Auflage immer wieder überarbeitet, später auch von seinem Sohn Christopher. Die größten Änderungen fanden 2004 (für die 50th Anniversary Edition) statt, in der Ungereimtheiten, sprachliche Fehler und Widersprüche in der Erzählung im Sinne von J. R. R. Tolkien überarbeitet wurden.

Der weiße Zauberer Saruman besuchte das Auenland mehrfach in Verkleidung, nicht nur auf der Suche nach dem Einen Ring, sondern auch, weil er aufgrund von Gandalfs Erzählungen neugierig auf die Hobbits geworden war.

Bei Balin, dessen Grab die Gefährten in Moria finden, handelt es tatsächlich um denselben Zwerg, der mit Bilbo und Gandalf zum Einsamen Berg gezogen ist. Nach dem Abenteuer war er mehrere Male bei Bilbo im Auenland zu Besuch, bevor er sich in Moria niederließ.

In Moria finden die Gefährten das Buch von Mazarbul, eine von dem Zwerg Óin verfasste Chronik. J. R. R. Tolkien fertigte 1947 in Handarbeit einige Faksimile-Seiten dieses Buches inklusive Brand- und Blutspuren an, die mittlerweile in der Luxusausgabe des *Herrn der Ringe* von 2021 als ausklappbare Farbdrucke enthalten sind.

Im Englischen verwendet Tolkien als Plural von »dwarf« (Zwerg) durchgehend das Wort »dwarves«, wobei es sich ursprünglich um einen Rechtschreibfehler handelte (richtig wäre »dwarfs«), der ihm aber so gut gefiel, dass er ihn beibehielt.

Für den Namen Baggins (Beutlin) ließ sich Tolkien vermutlich vom englischen Begriff »bagging« beeinflussen, der laut dem Oxford English Dictionary in den nördlich gelegenen Grafschaften von England kleine, deftige Snacks bezeichnet, die zwischen den regulären Mahlzeiten verzehrt werden.

Bilbo war nicht der Onkel von Frodo, sondern eigentlich ein Großcousin. Bilbos Großvater und Frodos Urgroßvater waren Brüder.

Laut dem *Hobbit* tranken Zwerge auch gerne mal einen Kaffee.

Die Argonath, die gewaltigen Königsstatuen am Anduin, zeigen die Könige Isildur und Anárion, die jeweils eine Axt in der rechten Hand tragen. In frühen Manuskripten von Tolkien halten sie noch Schwerter.

In beiden deutschen Übersetzungen des *Herrn der Ringe* wurde »Hill-Trolls« fälschlicherweise mit »Bergtrolle« übersetzt und nicht mit »Hügeltrolle«, wie es richtig wäre.

TOLKIEN FACTS

Nimm ihn ab! Narr!

Auf dem Amon Hen hört Frodo, während er den Ring trägt, eine Stimme, die ihm befiehlt, den Ring auszuziehen. Dabei handelt es sich, wie Tolkien später einmal verriet, um Gandalf.

Grundmauern des Schwarzen Turms

Als die Gefährten in Bruchtal sind, erklärt Elrond, dass die Grundmauern von Saurons Festung Barad-dûr mit der Macht des Einen Ringes gebaut worden seien. Hier ist Tolkien offenbar ein Fehler unterlaufen, denn nach seiner Chronik wurde der Schwarze Turm im Jahr 1000 des Zweiten Zeitalters errichtet, der Ring aber erst 600 Jahre später geschmiedet. Fans erklären den Zeitunterschied so, dass der Bau wohl 600 Jahre gedauert hat und erst mit dem Einen Ring abgeschlossen werden konnte. Wobei die Grundmauern vermutlich nicht erst am Schluss gebaut worden sind.

TOLKIEN FACTS

Entisches Kauderwelsch

Baumbarts Worte »Taurelilómea-tumbalemorna Tumbaletaurea Lómeanor« sind Quenya-Begriffe und lauten übersetzt »waldvielschattig tieftalschwarzes tiefwaldiges Dunkelland«. Anhang F von *Der Herr der Ringe, Anhänge* zufolge sei damit ein schwarzer Schatten in den tiefen Tälern des Waldes gemeint.

Unpassender Troll-Name

Viele Jahre nachdem er *Der Hobbit* geschrieben hatte, bedauerte J. R. R. Tolkien, dass er einen der drei Trolle »William« genannt hatte. Er begründete die Namensgebung damit, dass seine Weltenschöpfung damals noch nicht so durchdacht gewesen sei. Auf Deutsch heißt der Troll je nach Übersetzung Bill, Hucki oder auch William.

König Théodens Goldene Halle heißt »Meduseld«, genau wie die Halle von König Hrothgar in der *Beowulf*-Saga. Übersetzt bedeutet das Wort »Met-Halle«.

Laut Tolkien ist die langsame Schrittgeschwindigkeit eines Ents circa zehn Kilometer pro Stunde. Baumbarts maximale Geschwindigkeit (etwa bei Angriffen) beträgt circa 32 Kilometer pro Stunde.

In Lothlórien haben sich die Gefährten und Gandalf ganz knapp verpasst. Nur wenige Stunden nach der Abreise der Gefährten in den elbischen Booten brachte der Adler Gwaihir den nach dem Kampf mit dem Balrog noch geschwächten Zauberer zu Galadriel.

Die berühmten schwarz-roten Landkarten in den meisten *Herr der Ringe*-Ausgaben hat Tolkiens Sohn Christopher gezeichnet.

Aragorn ist 64 Jahre älter als Éowyn, aber 2690 Jahre jünger als Arwen.

Tolkien betonte einmal, dass die Hobbits das dichte Haar auf ihren Füßen regelmäßig kämmen.

Die Pelennor-Felder, wo die große Schlacht im *Herrn der Ringe* stattfindet, waren nicht nur eine riesige flache Ebene, sondern eine ländliche Region mit vielen Bauernhöfen, Ackerbau und Viehzucht.

Als Isildur starb, nahm sein Schildknappe Ohtar das geborstene Schwert Narsil und brachte es nach Bruchtal, wo es später dem 20-jährigen Aragorn übergeben wurde.

Das außergewöhnliche Privileg, mit einem Elbenschiff in die Unsterblichen Lande im Westen zu segeln, wird nicht nur Frodo, Bilbo, Sam und Gimli zuteil, sondern nach Aufzeichnungen von Tolkien auch Gandalfs Pferd Schattenfell.

Pfeifenkraut wurde vor allem im Südviertel des Auenlandes und in Bree angebaut. Es war ursprünglich nicht in Mittelerde heimisch, sondern wurde von den Menschen aus Númenor mitgebracht. In Gondor wuchs das Pfeifenkraut wild und in einer größeren Art und war dort vor allem wegen seiner schönen, wohlriechenden Blüten bekannt. Die Menschen Gondors nannten die Pflanze daher »süße Galenas« (Sindarin für »süße Pflanze«) oder auch »Westmannskraut«.

Das Wort »Orc« (Ork) hatte sich Tolkien nach eigener Aussage aus der *Beowulf*-Saga entliehen.

In der englischen Ausgabe des *Hobbit* verwendet Tolkien für die Orks noch den Begriff *goblins*. In der ersten deutschen Übersetzung wurde das noch mit »Kobolde« übersetzt, später dann mit »Orks«.

Das Prolog-Kapitel »Über Pfeifenkraut« war ursprünglich ein Gespräch zwischen Hobbit Merry und König Théoden im Kapitel »Der Weg nach Isengart«. Weil es aber zu lang wurde, packte Tolkien es in den Prolog.

Samweis Gamdschies echter Name (auf Hobbitisch) war Banazîr Galbasi. Er wurde von den meisten aber »Ban« genannt. Der Name Samweis wurde erst bei der fiktiven Übersetzung aus dem Westron eingeführt.

Ursprünglich war nicht Minas Tirith, sondern Osgiliath am Anduin die Hauptstadt Gondors. Das größte Gebäude der Stadt war die Kuppel der Sterne, unter der sich der erste Thronsaal der Könige von Gondor befand. Dort war auch der wichtigste und mächtigste Palantír untergebracht.

Zu Beginn des *Herrn der Ringe* hat Bilbo Beutlin immer noch den Kapuzenmantel im Schrank, den er sich etwa 60 Jahre zuvor vom Zwerg Dwalin am Anfang seiner Reise zum Erebor geliehen hatte.

Die Flugtiere der Nazgûl hatten eine durchschnittliche Fluggeschwindigkeit von etwa 130 Kilometer pro Stunde. Um beispielsweise von Barad-dûr bis nach Isengart (circa 860 Kilometer) zu fliegen, brauchten sie etwa sechs bis sieben Stunden.

Die jeweilige Beschreibung von Gollums Augen gibt Aufschluss darüber, ob gerade seine gute oder seine böse Seite präsent ist. Ein blassgrünes Leuchten in seinen Augen deutet auf Letzteres hin.

Sarumans Turm Orthanc war laut Tolkien etwa 155 Meter hoch, also etwa so hoch wie der Kölner Dom.

Sam und Frodo haben sich in den Unsterblichen Landen wiedergetroffen, denn nach einem langen und erfüllten Leben durfte auch Sam ein Elbenschiff nach Westen besteigen. Er war der letzte Ringträger, der in den Westen fuhr.

TOLKIEN FACTS

Bilbo schrieb das Silmarillion

Während seines längeren Aufenthaltes in Bruchtal hat Bilbo Beutlin in der dortigen Bibliothek die Geschichten der Altvorderenzeit aus dem Elbischen übersetzt. Dabei handelt es sich de facto um das *Silmarillion*. Im Vierten Zeitalter fertigte der gondorianische Schreiber Findegil laut Tolkien eine Kopie des Roten Buchs der Westmark, die sowohl Frodos Reise als auch das *Silmarillion* in einem Werk vereinte. Dies sollte wohl Tolkiens Wunsch Ausdruck verleihen, dass *Der Herr der Ringe* und das *Silmarillion* einmal als zusammenhängendes Werk veröffentlicht werden sollten.

Reiseplanung

Tolkien hatte genaue Abläufe und Flussdiagramme für die Reise der Gefährten geschaffen, damit Mondphasen, Wetter und Entfernungen immer genau stimmen. Besonders wichtig war dies bei den parallelen Handlungssträngen, wenn der Flug eines Nazgûl erst von Frodo und Sam beobachtet wird und die Kreatur einige Stunden später über Edoras eine Runde dreht, was wiederum Gandalf und Pippin im vorherigen Buch beobachten.

TOLKIEN FACTS

Die verschwiegene Tochter

Obwohl Aragorn 18 Jahre seiner Kindheit in Bruchtal verbrachte, von Elrond aufgezogen wurde und mit Elronds Söhnen befreundet war, wusste er nichts von Arwen, denn die lebte bei ihrer Großmutter Galadriel in Lothlórien, und während der gesamten Zeit hatten ihr Vater und ihre Brüder sie gegenüber Aragorn nie erwähnt. Erst als Aragorn 20 Jahre alt wurde, traf er Arwen zum ersten Mal, einen Tag nachdem Elrond ihm sein Schicksal als Isildurs Erbe enthüllt hatte.

Sehende Steine

Die Palantíri wurden im Ersten Zeitalter von Feanor, dem Schöpfer der Silmaril, geschaffen und ermöglichten es, über größere Entfernungen miteinander zu kommunizieren. Aragorns Vorfahre Elendil brachte sieben dieser Steine mit nach Mittelerde. Saruman bekam seinen Palantír von einem früheren Truchsess von Gondor, Sauron gelangte in den Besitz eines Palantírs, als er die Stadt Minas Ithil (später Minas Morgul) einnahm.

In frühen Fassungen von »Elronds Rat« taucht der Halbelb Erestor auf und wird als einer der Gefährten in Erwägung gezogen.

Die drei Elbenringe Vilya, Nenya, Narya waren die einzigen Zauberringe, die nicht unter Saurons Einfluss, sondern vom Elbenschmied Celebrimbor alleine geschmiedet wurden. Trotzdem konnten auch diese Ringe von dem Einen Ring beherrscht werden.

Laut Tolkien ist Aragorn aufgrund seiner númenorischen Herkunft 1,98 Meter groß. Boromir misst 1,93 Meter.

»Uruk-hai« ist ein orkisches Wort und bedeutet übersetzt eigentlich auch nur »Orks«.

Das Gedicht von Samweis über den Olifant ist eine gekürzte Abwandlung eines Gedichtes, das Tolkien 1927 für das *Oxford Stapeldon Magazine* geschrieben hatte.

Der Elbenring Narya wird vom Zauberer Gandalf getragen.

Die Schwarze Sprache ist von Sauron für seine Untertanen entwickelt worden, die aber größtenteils kein Interesse daran haben, diese Sprache zu lernen. Die meisten Orks sprechen lieber Westron (also die allgemeine Sprache), allerdings gemischt mit Fragmenten und Pervertierungen verschiedener anderer Sprachen. Nur die Nazgûl sprechen gerne die Schwarze Sprache.

Das Halifirien-Leuchtfeuer in Rohan befand sich genau an jener Stelle, an der Eorl und Cirion fast 500 Jahre vor dem Ringkrieg das Bündnis zwischen Rohan und Gondor geschlossen hatten.

Boromirs Horn stammt von einem der wilden Ochsen von Araw. Diese lebten auf den Ebenen bei Rhûn. Laut der Legende soll schon der Vala Orome bereits im Ersten Zeitalter die Urväter dieser Rinder gejagt haben. In einem Elbenlied im Roman *Der Hobbit* werden diese Ochsen ebenfalls erwähnt.

Die Geschichte des *Herrn der Ringe* wird fast ausschließlich aus der Perspektive der Hobbits erzählt, bis auf wenige Szenen, in denen die Hobbits nicht dabei sind. So erlebt der Leser beispielsweise auf den »Pfaden der Toten« die Ereignisse aus Sicht von Gimli.

Über Gothmog, den Statthalter von Minas Morgul, gibt es bis auf den Namen keinerlei Informationen von Tolkien. Eine Fan-Theorie besagt, dass es sich dabei um einen Nazgûl handelt, was reine Spekulation ist. Peter Jackson hat in seinen Filmen Gothmog als deformierten Ork dargestellt.

Für die Schlacht vor Minas Tirith ließ sich Tolkien von zwei großen historischen Ereignissen inspirieren: die Eroberung Konstantinopels im Jahr 1453 und die Belagerung Wiens im Jahr 1683 mit 150 000 türkischen Soldaten vor den Toren.

Tolkien war gläubiger Katholik, wollte religiöse Themen aber aus dem *Herrn der Ringe* heraushalten, um nicht in einen inneren Konflikt zu geraten. Im gesamten Roman wird das Wort »Gott« nur ein einziges Mal erwähnt, und zwar im dritten Band in einem Vergleich, in dem es heißt, dass Théoden ritt »wie ein Gott von einst«.

Das heilende Königskraut, mit dem Aragorn mehrfach die Wunden von Frodo und anderen heilt, wurde von Aragorns Vorfahren aus Númenor mitgebracht und wächst in Mittelerde nur dort, wo Númenorer gewohnt haben, beispielsweise südlich der Großen Oststraße oder in Gondor.

Im ersten Kapitel von *Der Herr der Ringe* wird ein »Schnellzug« (»express train«) erwähnt und im Hobbit klingt ein Schrei von Bilbo wie das »Pfeifen eines Zuges«. Beide Anachronismen werden aber, wie Tolkien später erklärte, nur als Vergleich aus Sicht eines modernen Erzählers verwendet. Gut zu wissen, dass es nicht wirklich einen Schnellzug nach Mordor gab.

Als die Zwerge und Bilbo den Erebor zurückerobern wollen, wohnt Smaug bereits 171 Jahre dort.

Thorin Eichenschilds Vater Thráin wurde von Sauron gefangen gehalten. Gandalf fand ihn dort 91 Jahre vor den Ereignissen, die im *Hobbit* beschrieben werden.

Fast alle Zwergennamen in *Der Hobbit* entnahm Tolkien einer Liste von Zwergennamen aus der isländischen Lieder-Edda.

Bilbo beschimpft die Spinnen in *Der Hobbit* als »Attercop«, was aus dem Altenglischen übersetzt »Eiter-Kopf« bedeutet und einfach nur ein altes Wort für »Spinne« ist.

Der Eine Ring wurde in den über 4500 Jahren seiner Existenz insgesamt nur von sieben Personen an den Finger gesteckt, und zwar von Sauron, Isildur, Sméagol, Bilbo Beutlin, Frodo Beutlin, Samweis Gamdschie und Tom Bombadil, wobei er bei Letzterem aber nicht funktionierte. Die meisten Ringträger waren also Hobbits.

Gollum wuchs unter dem Namen Sméagol in einem Hobbitdorf östlich des Nebelgebirges auf. Da er eine Waise war, lebte er bei seiner Großmutter, die gleichzeitig die Matriarchin der kleinen Hobbitgemeinde war.

Gandalf hat zahlreiche weitere Namen, darunter Mithrandir, Incánus, Olórin, Tharkûn, Láthspell oder Graurock.

Die Hobbitfrau Rosie Hüttinger, die Sam später heiratet, wird im Roman das erste Mal im Kapitel »Der Schicksalsberg« erwähnt, also kurz vor dem Ende der Geschichte.

Im *Herrn der Ringe* wird zunächst erwähnt, dass Tom Bombadil die älteste Kreatur in Mittelerde sei, später wird Baumbart als das älteste Wesen von Mittelerde bezeichnet. Tolkien war sich da offenbar nicht ganz sicher.

Als Arwen beschließt, Aragorn zu heiraten und sterblich zu werden, bietet sie Frodo ihren Platz in dem Elbenschiff nach Westen an. Arwen bleibt anschließend für immer in Mittelerde.

Mit der Zerstörung des Einen Rings verloren auch alle anderen Ringe ihre Kräfte, inklusive der Elbenringe.

Während des gesamten *Herrn der Ringe* benutzt Frodo sein Schwert Stich nur einmal kurz in einem Kampf – und zwar, als er in Moria dem Höhlentroll, der die Tür blockiert, in den Fuß sticht.

Ebenso wie Frodos Schwert Stich leuchtet auch Gandalfs Schwert Glamdring blau, wenn Orks in der Nähe sind.

Der Sohn von Aragorn und Arwen heißt Eldarion, was übersetzt »Elbensohn« bedeutet.

Der Schicksalsberg war 1372 Meter hoch und hatte am Fuß einen Durchmesser von etwa elf Kilometern.

TOLKIEN FACTS

Das Geheimnis der Entfrauen

Eines der großen Mysterien im *Herrn der Ringe* sind die verschwundenen Entfrauen. Tolkien selbst schrieb in einem Brief von 1954, er befürchte, dass die Entfrauen im Krieg des letzten Bündnisses am Ende des Zweiten Zeitalters umkamen, als Sauron ganze Landstriche verbrannte. Es könnte auch sein, dass sie in den Osten flohen oder von Saurons Horden versklavt wurden. Was genau aus ihnen geworden ist, wird wohl immer ein Geheimnis bleiben.

Das gestrichene Kapitel

Ursprünglich gab es nach der Verabschiedung von Frodo an den Grauen Anfurten noch ein letztes Kapitel, das 15 Jahre später spielte und davon handelt, wie Sam seinen Kindern von dem bevorstehenden Treffen mit König Elessar (Aragorn) an der Brandyweinbrücke berichtet. Tolkien verwarf das Kapitel später, weil er es für »antiklimaktisch« hielt.

TOLKIEN FACTS

Hobbitreservat

Als er König wurde, ließ Aragorn ein Gesetz erlassen, das es allen »großen Leuten« verbot, das Auenland zu betreten. Er schuf damit quasi ein Reservat zum Schutz des Hobbitvolkes. Er selbst hielt sich bei seinen Besuchen in der Region ebenfalls daran und traf sich mit seinen Hobbitfreunden immer nur an der Brandyweinbrücke, der Grenze des Auenlandes.

Orkische Grammatik

Den Vorschlag eines Lesers, das Orkgespräch, das Sam im Turm von Cirith Ungol belauscht, grammatikalisch zu korrigieren, lehnte Tolkien mit den Worten ab, dass es sich erstens um ein aus Gedanken überliefertes Gespräch handele, welches erst später ins Englische übertragen wurde, und zweitens, dass davon auszugehen sei, dass vermutlich weder Sam noch der Ork über eine Sprache verfügten, die von einem korrekten Englisch repräsentiert werden würde.

Die drei Adler, die Frodo und Sam am Ausläufer des Schicksalsbergs retten, heißen Gwaihir, Landroval und Meneldor.

Nach Aragorns Tod wurden die Totenbetten von Merry und Pippin neben das Totenbett des großen Königs gestellt.

Bill Huggins ist der einzige Troll, der einen Nachnamen hat.

In Tolkiens erster Fassung von *Der Hobbit* hieß der Drache Smaug noch Pryfthan, der Zwergenkönig hieß noch Gandalf, Beorn hieß Medwed und der Zauberer hieß Bladorthin.

Nüsse sind die einzigen essbaren Früchte im Düsterwald.

Mordor ist nicht überall durch eine karge Vulkanlandschaft geprägt. Im südlichen Teil des Landes gibt es eine große fruchtbare Ebene, wo von Saurons Untertanen unter anderem Ackerbau betrieben wird.

Der Vater der beiden Zwerge Balin und Dwalin hieß Fundin, ein Name, der in der skandinavischen Mythologie für Göttervater Odin verwendet wird.

Das Schiff, mit dem Legolas und Gimli im Vierten Zeitalter in den Westen segelten, hatte Legolas selbst gebaut.

Das Zepter von Annúminas, das Elrond Aragorn überreicht, ist mit einem Alter von über 5000 Jahren der älteste von Menschenhand hergestellte Gegenstand in Mittelerde.

Im Vierten Zeitalter haben Aragorn und Arwen die verlassene Königsstadt Annúminas an der Nordgrenze des Auenlandes wiederbelebt, wo sie oft verweilten. Von dort aus hatten sie es nicht weit bis zum Auenland.

Der Enkelsohn von Samweis Gamdschie hießt Elfstan. Das ist Hobbitisch und bedeutet »Elbenstein«. In die Elbensprache Quenya übersetzt entspräche das »Elessar«, also Aragorns Königsnamen.

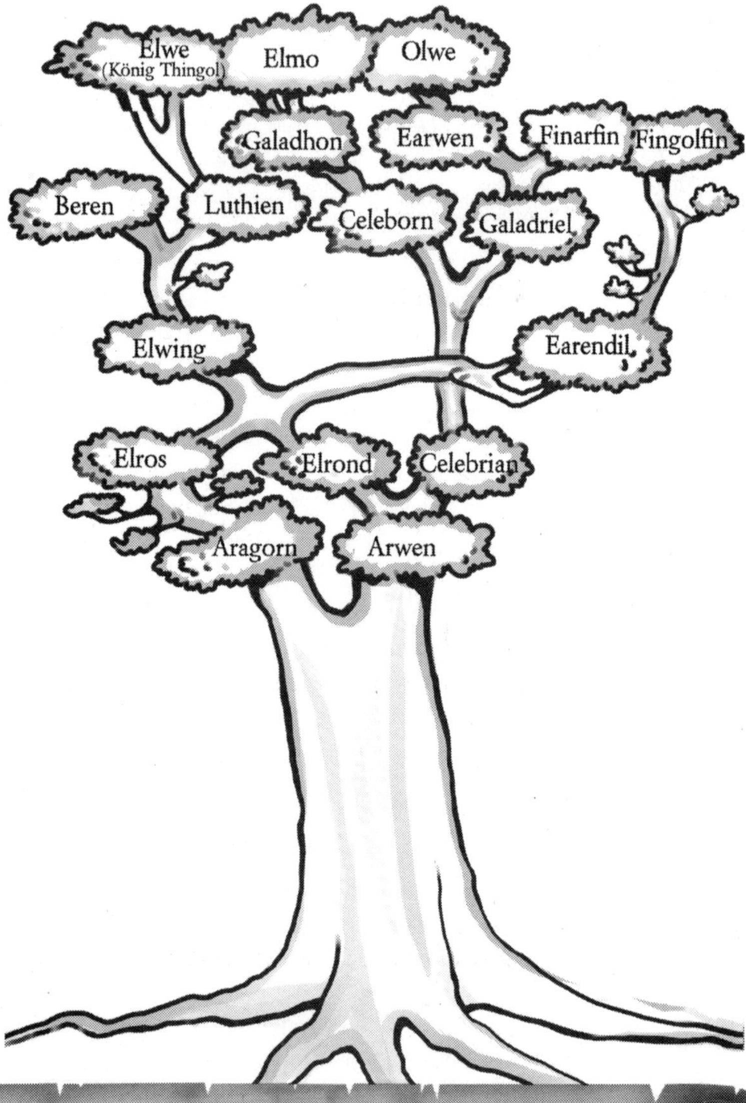

EIN VEREINFACHTER STAMMBAUM VON ARAGORN UND ARWEN

10 POPULÄRE IRRTÜMER

1. Elben haben spitze Ohren

In seinen Hauptwerken ist Tolkien an keiner Stelle auf die Form der Elbenohren eingegangen. Die einzigen beiden Hinweise auf Ohrenformen sind sehr spekulativ und unspezifisch. Der erste Hinweis findet sich in einem Brief aus dem Jahr 1938 über Illustrationen im *Hobbit*, in dem er schreibt, dass die Ohren der Hobbits nur leicht spitz und »elbisch« seien. Wobei unklar ist, ob sich das »spitz« nun auf das Elbische bezog. Der zweite Hinweis findet sich in Tolkiens unveröffentlichter Zeitreisegeschichte *The Lost Road* und wurde erst posthum veröffentlicht. Dort gab es eine undeutliche Notiz des Autors, die besagte, dass elbische Ohren spitzer und blattförmiger wären. Wobei ein Bezug zu den Elben aus dem *Herrn der Ringe* hier sehr zusammenhangslos ist.

2. Elbenschriftarten auf dem Computer

Wer Elbenschriften, wie beispielsweise Tengwar, als Schriftarten (sogenannte Fonts) im Computer installiert, kann nicht einfach drauflosschreiben, da die erfundenen Schriften von Tolkien nicht den herkömmlichen lateinischen Buchstaben entsprechen, sondern ein kompliziertes phonologisches System aus bestimmten Lauten bilden. Wer also einen Satz in Tengwar schreiben möchte, muss erst einmal die Laute nachbilden und dann die entsprechende Taste finden. Dieser populäre Irrtum hat zur Folge, dass zahlreiche Fans sich Wörter wie »fschstschvntschth« (was vermutlich »Jennifer« lauten soll) haben tätowieren lassen.

3. Das Adler-Dilemma

Einer der größten Irrtümer unter den Fans ist die Annahme, dass man einfach die Adler damit hätte beauftragen können, Frodo mit dem Ring direkt zum Schicksalsberg zu bringen oder ihn zumindest einen Teil der Strecke zu tragen. In einem Brief über eine mögliche Verfilmung von *Der Herr der Ringe* sagte Tolkien, dass die Adler »keine Taxis« seien, und wiederholte, dass die Mission der Gemeinschaft von der Geheimhaltung abhänge, weshalb die Darstellung einer langen, beschwerlichen Reise zu Fuß erforderlich sei, um die Glaubwürdigkeit ihrer heimlichen Annäherung an den Schicksalsberg aufrechtzuerhalten.

Die riesigen Adler wären für Sauron viel zu leicht zu entdecken und ihm wehrlos ausgeliefert gewesen. Er hätte sie schon von Weitem kommen sehen und den Plan ziemlich schnell durchschaut; gegen die Ringgeister auf den Flugbestien und Saurons Bogenschützen hätten die Adler eventuell schlechte Chancen gehabt. Außerdem hat Tolkien mehrfach betont, dass die Adler himmlische Wesen sind, die sich nicht instrumentalisieren lassen, sondern nur selbst entscheiden, wann und wohin sie fliegen. Eine direkte Übergabe des Ringes an die Adler kam ebenfalls nicht infrage, da sie als mächtige Wesen vom Ring hätten korrumpiert werden können.

4. Disney-Verbot in Tolkiens Testament

Gerüchteweise hat Tolkien in seinem Testament verfügt, dass Disney niemals den *Herrn der Ringe* verfilmen dürfe. Das stimmt nicht. Richtig ist, dass Tolkien nach einer Kinovorführung von *Schneewittchen und die sieben Zwerge* im Jahr 1937 eine Abneigung gegen Disneys Zeichentrickfilme entwickelte. Vor allem die Darstellung der Zwerge missfiel ihm. In einem Brief von 1965 bekräftigte Tolkien, weder er noch seine Verleger hätten die Absicht, Walt Disney die Erlaubnis zu erteilen, seine Bücher zu verfilmen. Diese Äußerung interpretieren viele Fans als testamentarische Verfügung, die es aber niemals konkret gab. Tatsächlich war die zu Disney gehörende Produktionsfirma Miramax teilweise sogar an der Umsetzung der *Herr der Ringe*-Filmtrilogie von Peter Jackson beteiligt. Was Tolkien zu einer Serienumsetzung durch Amazon gesagt hätte, können wir nur erahnen.

5. Der Auenland-Kalender entspricht unserem Kalender

Weil Bilbo und Frodo am 22. September Geburtstag haben, begehen viele Mittelerde-Fans weltweit diesen Tag feierlich mit Speis und Trank. Und einige Fan-Websites führen einen »Heute in Mittelerde«-Kalender, in dem beschrieben wird, was zeitgleich zum aktuellen Datum in Mittelerde geschah. Die Hobbitzeitrechnung von Mittelerde entspricht aber gar nicht unserem gregorianischen Kalender, da sich der Jahreswechsel der Hobbits an der Wintersonnenwende orientierte und damit unserem Kalender um etwa neun bis zehn Tage voraus ist. Unser Neujahrstag entspricht mehr oder weniger dem 9. Januar im Auenland.

Hinzu kommt, dass alle Monate im Hobbitkalender genau 30 Tage lang sind. Dafür gibt es zwischen Juni und Juli drei Feiertage (Lithetage), die außerhalb der Monate liegen, genau wie auch der erste und letzte Tag des Jahres (Jultage), was wiederum für eine weitere Verschiebung sorgt. Wer also Frodos und Bilbos Geburtstag (22. September) feiern möchte, liegt vermutlich richtiger, wenn er bei uns am 14. September feiert. Eine genaue Bestimmung ist unmöglich, da es auch noch unregelmäßige Schaltjahre gibt, in denen ein weiterer Feiertag hinzukommt.

6. Der Herr der Ringe ist rassistisch

Die Darstellung der verschiedenen Völker in *Der Herr der Ringe* wurde von vielen Kritikern als rassistisch bezeichnet. Vor allem die Darstellung der schwarzen, hässlichen Orks erinnere an die Denunzierung afrikanischer und asiatischer Menschen während der Kolonialzeit. Ein Vorwurf, den man differenziert betrachten muss. Tolkiens Beschreibungen der Wesen von Mittelerde sind unzweifelhaft durch die allgemein verbreitete Völkerkunde der 1930er- und 1940er-Jahre geprägt. Dass dies mittlerweile überholt ist, steht außer Frage.

Tolkien selbst hat sich nie rassistisch oder abfällig geäußert und die Ideologie der Nationalsozialisten mehrfach scharf verurteilt. Er lehnte sogar die Veröffentlichung des *Hobbits* durch einen deutschen Verlag ab, als dieser einen arischen Nachweis von ihm forderte. Mehrfach sprach er seine tiefe Verachtung für Hitler aus, den er einen »schäbigen kleinen Ignoranten« nannte, der die germanischen Sagen verderben würde.

Und auch im *Herrn der Ringe* ist die Darstellung der verschiedenen Völker stets differenziert, etwa wenn Frodo beispielsweise darüber spekuliert, dass die Orks vermutlich nicht von Geburt an böse seien. Und gerade die Darstellung der Gemeinschaft des Ringes idealisiert eine Welt, in der sich die Vertreter vieler verschiedener Völker zusammentun, um gemeinsam Frieden zu schaffen.

7. Der Herr der Ringe als zeitgenössische Metapher

Nach der Veröffentlichung von J. R. R. Tolkiens *Der Herr der Ringe* nahmen viele Leser an, es handele sich um eine Allegorie, in der Sauron Stalin oder Hitler darstelle und die freien Völker die Alliierten. Später, in den 1980er-Jahren, den letzten Jahren des Kalten Krieges, interpretierten viele amerikanische Fans den *Herrn der Ringe* als Gleichnis für den Konflikt zwischen Ost und West, in dem der Ring für die Atombombe stand. Tolkien lehnte eine solche Interpretation aber bereits in seinem Vorwort zur revidierten Ausgabe von 1966 ab. Demnach wollte er lediglich ein Buch mit einer langen, den Leser fesselnden Geschichte schreiben. Was irgendwelche tiefere Bedeutung oder »Botschaft« betreffe, so gebe es nach der Absicht des Verfassers keine. Das Buch, so heißt es im Vorwort des *Herrn der Ringe*, sei weder allegorisch noch aktuell. Dennoch war er sich darüber bewusst, dass seine eigenen Erfahrungen und Werte in das Werk mit eingeflossen waren, aber eher unbewusst als bewusst.

8. Feindschaft der Elben und Zwerge

Es gibt den weitverbreiteten Irrglauben, die Völker der Elben und Zwerge würden sich grundsätzlich hassen, ja seien sogar verfeindet. Tatsächlich gibt es durchaus Feindschaften zwischen bestimmten Elben und Zwergen. So bereitet beispielsweise der Waldelbenkönig Thranduil den Zwergen im *Hobbit* nicht gerade einen warmen Empfang, sondern lässt sie gefangen nehmen. Und Galadriels Ehemann Celeborn gibt den Zwergen die Schuld an der Zerstörung Doriaths, was auch Gimli zu spüren bekommt. Doch die meisten Elben und Zwerge sind einander durchaus wohlgesonnen.

Die Noldor-Elben von Eregion pflegen im Zweiten Zeitalter ein freundschaftliches Verhältnis zu den Zwergen von Moria, treiben regen Handel mit ihnen und unterstützen sich gegenseitig. Auch der Elbenschmied Celebrimbor ist für seine Zusammenarbeit mit den Zwergen bekannt: Einer seiner besten Freunde ist der Zwergensteinmetz Narvi, mit dem er gemeinsam das Westtor von Moria baut. Und die Freundschaft zwischen dem Elben Legolas und dem Zwergen Gimli ist bis heute legendär.

9. Tolkien hasste Spinnen

Ein weitverbreiteter Irrglaube ist, dass Tolkien Spinnen hasste, weil er während seiner Kindheit in Südafrika mal von einer Tarantel gebissen worden sei. Dies sei die Erklärung dafür, dass in seinen Geschichten immer wieder bösartige Spinnen, wie beispielsweise Kankra, auftauchen. Tolkien konnte sich später aber gar nicht an den Vorfall erinnern und schrieb in einem Brief, dass er keine besondere Abneigung gegen Spinnen habe und auch kein Bedürfnis, sie zu töten.

Wenn er eine Spinne im Badezimmer fände, würde er sie sogar lebend einfangen und ins Freie setzen. Die Spinnen im *Hobbit* habe er eingeführt, weil sein Sohn Michael als Kind große Angst vor Spinnen gehabt habe und er ihn mit der Geschichte zum Gruseln habe bringen wollen.

10. Hobbitliebe

Der liebevolle Umgang von Samweis und Frodo miteinander, wenn sie sich streicheln oder sogar küssen, wurde von manchen Fans als homosexuelle Geste gedeutet, ebenso wie die Freundschaft von Legolas und Gimli. Aber für den konservativen Christen Tolkien gab es in Mittelerde nur heterosexuelle Charaktere, die in den von seinem katholischen Glauben vorgegebenen Geschlechterrollen agierten. Die Beziehung von Frodo und Sam beispielsweise war für J. R. R. Tolkien durch seine Erfahrungen im Ersten Weltkrieg geprägt und entsprach für ihn der eines Offiziersdieners zu seinem Offizier, also einer loyalen Freundschaft, in der sich der eine, ohne zu zögern, für den anderen geopfert hätte. Der Kuss der Hand oder auf die Stirn hatte nichts Sexuelles. Trotzdem ließen es sich viele Fans nicht nehmen, sowohl diese beiden als auch so ziemlich alle anderen männlichen Charaktere in Fan-Fiction-Geschichten gemeinsam in die Kiste steigen zu lassen.

DIE MYTHOLOGIE VON MITTELERDE

Im Legendarium von J. R. R. Tolkien heißt das Universum, in dem sich alle seine Geschichten abspielen, »Ea«. Es ist die Schöpfung des Obergottes Ilúvatar.

Die Welt Arda, auf der Mittelerde ein Kontinent ist, wurde von den Göttern (den Valar) durch Musik erschaffen. Die musikalischen Harmonien der Schöpfung wurden nur durch Melkor (später Morgoth) gestört, der mit seinen Dissonanzen das Böse und Hässliche in der Welt schuf.

Die prächtigste Elbenstadt in Mittelerde des Ersten Zeitalters war Gondolin, versteckt im Tal von Tumladen.

Obwohl die Figuren der Valar an den Pantheon der griechischen oder nordischen Mythenwelten erinnern, waren sie laut Tolkien eher Engel als Götter, da dies sonst seinem katholischen Glauben widersprochen hätte. Nur Ilúvatar hatte für Tolkien einen echten Götterstatus.

Die Diener der Valar waren »Halbgötter« namens Maiar. Berühmte Maiar sind Sauron, Gandalf, Melian (die Mutter von Lúthien) oder auch der Balrog. Ja, Gandalf war ein Halbgott.

Laurelin und Telperion hießen die beiden gewaltigen Lichtbäume in Valinor, die später zu Sonne und Mond wurden. Ihre Legende überdauerte alle Zeiten und sogar der Weiße Baum in Minas Tirith soll indirekt ein Nachfahre von einem Telperion-Abbild sein.

Die ersten Elben erwachten voll ausgewachsen in den Jahren der Bäume am Ufer des Cuiviénen weit im Osten von Mittelerde, unter ihnen auch Galadriels Großvater. Die schlafenden Elben lagen immer paarweise beieinander, sodass jedem gleich ein Ehepartner zugeordnet war.

Der Gott Aulë schuf die Zwerge als Geheimprojekt. Als Allvater Ilúvatar davon erfuhr, wurde er sehr wütend, ließ aber Gnade walten.

Feanor, der zweite hohe König der Noldor, hat nicht nur die Silmaril erschaffen, sondern auch die Palantíri sowie Lampen, die niemals ausgingen. Ebenso hat er die Schrift Tengwar erfunden. Ein wahrer Tausendsassa!

Der Elb Maeglin wurde wahrscheinlich in nicht einvernehmlichem Elbensex gezeugt. Seine Mutter nannte ihn daher *Lómion*, was in der Sprache der Noldor »Kind der Dämmerung« bedeutet. Maeglin brachte viel Unheil über die Elben.

Glaurung war der erste und einer der größten von Morgoths Drachen. Er war nicht nur sehr stark, sondern auch außerordentlich manipulativ.

Die beiden Götterlampen Illuin und Ormal befanden sich auf Pfeilern, die laut Schätzungen etwa 21 Kilometer hoch waren, also bis in die Stratosphäre gereicht haben müssen.

Obwohl nur Eol spezifisch als Dunkelelb bezeichnet wird, sind eigentlich per Definition alle Elben, die nie das Licht der Zwei Bäume im Götterreich Valinor erblickt haben, Dunkeleben.

Die Riesenspinne Ungoliant zerstörte die beiden Lichtbäume Laurelin und Telperion und fraß deren Licht.

TOLKIEN FACTS

Zoff mit den Göttern

Feanor war es gelungen, das Licht der beiden Götterbäume Laurelin und Telperion in den Silmaril einzuschließen. Als die beiden Bäume von Melkor vernichtet wurden, erbaten die Götter von Feanor die Edelsteine, um die Bäume zu retten. Feanor verweigerte dies aber, weil er nicht wollte, dass sie dafür zerbrochen werden. Das verziehen die Götter ihm nie.

Elbenmassaker

Als Feanor mit seinen Leuten Melkor, der die Silmaril gestohlen hatte, nach Mittelerde verfolgen wollte, verwehrten die Telerielben ihnen ihre Schwanenschiffe, woraufhin Feanor sie grausam abschlachten ließ (der sogenannte Sippenmord von Alqualonde). Daraufhin verbannten die Götter Feanors Volk aus dem Segensreich Aman (was sie später wieder aufhoben).

TOLKIEN FACTS

Wo liegt Beleriand?

Nahezu alle Ereignisse, die sich im Ersten Zeitalter in Mittelerde abspielen, finden in der Region Beleriand statt, einem Gebiet, das durch den Krieg des Zorns vollkommen vernichtet und im Meer versenkt wird (nicht zu verwechseln mit dem Untergang Númenors!). Die Ostgrenze Beleriands war quasi die Küstenlinie von Mittelerde zur Zeit des *Herrn der Ringe*.

Wertvolle Perle

Die unterirdische Elbenfestung Menegroth wurde von Zwergen gebaut. Als Lohn bezahlte Elbenkönig Thingol sie mit der Perle Nimphelos (Sindarin für »Weißer Schnee«). Sie war so groß wie ein Taubenei und schimmerte »einem Stern gleich in der schäumenden See«.

Maeglin, der Sohn des Dunkelelben Eol, verliebte sich in seine Cousine, die Elbenprinzessin Idril, in der geheimen Stadt Gondolin. Als diese aber den Menschen Tuor heiratet, verriet Maeglin dem bösen Herrscher Morgoth aus Eifersucht die geheime Lage der Stadt, als dieser ihm im Gegenzug die Hand von Idril verspricht. Das Resultat war die Zerstörung der Stadt und Maeglins Tod.

Bei der Schlacht um Gondolin setzt Morgoth neben echten Drachen auch künstliche Drachen aus Feuer und Metall ein, in denen sogar Orktruppen ins Gefecht transportiert wurden.

Das Schwarze Schwert Gurthang (ursprünglich Anglachel), das König Thingol von dem Dunkelelb Eol erhielt, bestand aus einer speziellen Legierung, in der das Gestein eines Meteoriten verwendet wurde.

Das Hauptkennzeichen der Könige von Númenor war ihr Zepter.

Unter den Menschen gilt Tuor (der Großvater von Elrond) als der Einzige, der durch die Gunst der Götter Unsterblichkeit erlangte.

Beim Angriff auf Gondolin erschlug Tuor fünf Balrogs.

Durin I., der erste König des Zwergenstamms der Langbärte, erreichte das außergewöhnliche Alter von über 2395 Jahren, weshalb er auch »Der Unsterbliche« genannt wurde.

Der Adlerfürst Gwaihir, der Gandalf vom Orthanc und Frodo aus Mordor rettete, war auch im Ersten Zeitalter bei der Rettung von Beren und Lúthien aus Angband dabei.

Der Fluss Nimrodel ist nach einer Waldelbe benannt, die dort als Einsiedlerin an einem Wasserfall lebte und in die sich Amroth, der König von Lothlórien, einst verliebte.

Neben den Grauen Anfurten gab es in Mittelerde auch noch südlich des Weißen Gebirges in Gondor einen zweiten großen Elbenhafen namens Edhellond, von dem aus die Elben in den Westen segelten.

Mit ihren Langbögen konnten die Númenorer etwa 550 Meter weit schießen. Zum Vergleich: Englische Langbogenschützen erreichen eine Entfernung von maximal 350 Meter.

Auf Númenor gab es lange Zeit keine Hühner, bis die Seefahrer welche aus Mittelerde mitbrachten.

Elronds Vater Eärendil wurde von den Göttern in einen Stern verwandelt, den man morgens und abends am Himmel sehen konnte. Sein Licht befand sich auch in Galadriels Phiole.

Elbenfreund Annatar (Sindarin für »Herr der Geschenke«), der in den elbischen Königreichen ein und aus ging und Freundschaften mit wichtigen elbischen Persönlichkeiten schloss, war in Wahrheit Sauron in Verkleidung.

Die frühen Hobbitstämme am Anfang des Dritten Zeitalters lebten im Osten von Mittelerde und zogen in einer Art Völkerwanderungen Richtung Westen. Diese Zeit nennen sie »Wanderungstage« (oder in neueren Ausgaben »Wandertage«).

Das magische Schwert Gurthang war die einzige Waffe in Mittelerde, die mit ihrem Träger sprechen konnte.

Die Hobbitbrüder Marcho und Blanco (vom Stamm der Falbhäute) besiedelten im Jahr 1601 des Dritten Zeitalters als Erste das Auenland, also 1418 Jahre vor dem *Herrn der Ringe*.

Der Menschenkrieger Túrin erinnert an die tragischen Figuren der griechischen Mythologie, die ihrem vorausgesagten Schicksal nicht entfliehen konnten. Túrin tötet aus Versehen seinen besten Freund, schwängert seine Schwester, die daraufhin Selbstmord begeht, und wirft sich dann in sein Schwert.

Beren und Lúthien werden oft als Romeo und Julia von Mittelerde bezeichnet, weil Lúthiens Vater, der Elbenkönig König Thingol, seiner Tochter die Liebe zu einem sterblichen Menschen verbot. Für J. R. R. Tolkien war dies eine der wichtigsten Geschichten seiner Mythologie.

Der einzige namentlich erwähnte Vampir in Mittelerde war die Blutsaugerin Thuringwethil, die Sauron diente und sich in eine Fledermaus verwandeln konnte.

Das Geheime Feuer, das unter anderem Gandalf in Moria gegenüber dem Balrog erwähnt, ist eine mysteriöse Kraft, die Ilúvatar zur Erschaffung der Welt nutzte.

Fürst Girion von Thal ließ sich von den Zwergen vom Erebor eine Rüstung für seinen Sohn fertigen. Er bezahlte diese mit einer Halskette, die aus 500 tiefgrünen Smaragden bestand.

Während des Grausamen Winters im Jahr 2911 des Dritten Zeitalters sollen Wölfe bis ins Auenland vorgedrungen sein.

Sam Gamdschie nannte seine erste Tochter Elanor nach einer elbischen Blume, die Frodo und er in Lothlórien bewundert haben. Das Wort bedeutet »Sonnenstern«.

In der Historie des Auenlandes wird von einer Schlacht zwischen den Bäumen des Alten Waldes und den Hobbits von Bockland berichtet.

Sieben Palantíri wurden den Menschen gegeben, der achte und mächtigste Palantír wurde im Elbenturm von Avallóne auf Tol Eressea im Westen verwahrt.

10 FAKTEN ÜBER NÚMENOR

1. Die Historie von Númenor

Die Insel Númenor wurde den Menschen zu Anfang des Zweiten Zeitalters von den Göttern (Valar) als Dank für die Mithilfe beim Kampf gegen Morgoth geschenkt. Elronds Bruder Elros begründete dort ein Inselkönigreich und die Menschen lebten viele Jahrhunderte zufrieden und glücklich. Doch irgendwann begannen sich die Númenorer nach der Unsterblichkeit der Elben zu sehnen, was Sauron, der dort gefangen gehalten wurde, für seine Zwecke ausnutzte.

Er betörte König Ar-Pharazôn und brachte ihn auf die Idee, mit einer gewaltigen Flotte das für Sterbliche verbotene Götterreich Aman selbst anzugreifen, um dort Unsterblichkeit zu erlangen. Als die Armee von Númenor die Küste des Segensreiches erreichte, bestrafte Obergott Ilúvatar diesen Frevel, indem er alle Schiffe vernichtete, die Insel Númenor versenkte und das Götterreich der Welt für immer entrückte.

2. Die Menschen von Númenor

Weil die Menschen von Númenor in der Gunst der Götter standen, waren sie langlebiger und gesünder als die Menschen in Mittelerde. Zudem floss elbisches Blut durch die Adern des Königsgeschlechts, das direkt von Elronds Bruder abstammte. Viele Númenorer erreichten ein durchschnittliches Alter von 200 Jahren. Die meisten númenorischen Frauen heirateten daher oft erst mit 45 Jahren, die Männer sogar meistens erst im Alter von etwa 100 Jahren, weil sie beispielsweise vorher zur See fuhren. Zwischen den Geburten ihrer Kinder lagen immer mindestens fünf Jahre, in der Regel aber eher 15 bis 20 Jahre.

Aufgrund ihres Alters konnten die Frauen innerhalb eines Zeitraums von etwa 75 Jahren Kinder bekommen. Der älteste je in Tolkiens Werken erwähnte Mensch war Tar-Atanamir, der 13. König von Númenor, der aufgrund seiner Abstammung das ehrwürdige Alter von 421 Jahren erreichte. Auch in Aragorns Adern war noch ein kleiner Anteil númenorischen Blutes enthalten, weshalb er immerhin 210 Jahre alt wurde. Kurz vor der Vernichtung der Insel haben etwa 15 Millionen Menschen auf Númenor gewohnt.

3. Geografie von Númenor

Die Insel hatte die ungefähre Form eines Sterns und maß laut Tolkien 466 000 Quadratkilometer, war also etwa doppelt so groß wie Großbritannien. Das Zentrum der Insel dominierte der 4267 Meter hohe Vulkan Meneltarma, von dem sich fünf Bergketten zu den fünf Landzungen der Insel erstreckten. Die Landschaft war ansonsten von grasbedeckten Hügellandschaften und flachen Ebenen bestimmt. Die Küsten im Norden waren von Steilklippen geprägt, an denen die jungen númenorischen Männer mit Freude kletterten.

4. Die historischen Dokumente

Die *Akallabêth* im *Silmarillion* (also das Kapitel über Númenor) wurde angeblich von Aragorns Vorfahre König Elendil selbst verfasst, einem der wenigen Menschen, die dem Untergang entkommen konnten, und der später im Letzten Bündnis gemeinsam mit den Elben gegen Sauron in die Schlacht zog und dessen Sohn dem dunklen Fürsten den Ring von der Hand schnitt.

5. Inspiration Ägypten

Für die Beschreibung der númenorischen Könige ließ sich J. R. R. Tolkien stark von den ägyptischen Herrschern beeinflussen. Genau wie diese neigten die Könige zu größenwahnsinnigen Bauten und huldigten teilweise okkulten Göttern. Als Númenor unterging, nannten die Elben es *Atalante*, eine eindeutige Anspielung auf die versunkene Insel Atlantis, auch wenn Tolkien jedwede Ähnlichkeit stets bestritt. Laut des griechischen Philosophen Plato waren die Ägypter Nachkommen der Bewohner von Atlantis. Kein Wunder also, dass der Name des letzte Königs Ar-Pharazôn vom Klang her an »Pharao« erinnert.

6. Sprachen in Númenor

Die Menschen auf Númenor wuchsen zweisprachig auf. Sie sprachen fließend Adûnaïsch (also Númenorisch) und Sindarin (also Elbisch). Gesetzestexte und wissenschaftliche Texte wurden aber meistens in der archaischen Elbensprache Quenya verfasst.

7. Die númenorische Thronfolge

Laut númenorischer Erbfolge stand immer dem ältesten Königssohn der Thron zu. Dieses Gesetz wurde geändert, als der sechste König Tar-Aldarion nur eine Tochter zurückließ. Von da an waren auch Töchter erbberechtigt. Insgesamt regierten 24 Herrscher über Númenor, drei davon waren Frauen. Bis zum 18. König trugen alle Herrscher hochelbische Namen. Doch als die Númenorer begannen, sich von den Göttern und den Elben abzuwenden, gaben sie sich númenorische Namen.

Erst der 23. König bedauerte diese Entscheidung seiner Vorfahren und nannte sich Tar-Palantir (Quenya für »der Weitsehende«). Er versuchte, die Númenorer und die Elben wieder zu versöhnen, was allerdings misslang. Seine Tochter Míriel hätte die vierte Königin werden müssen, doch Tar-Palantirs Neffe riss das Zepter an sich und nannte sich Ar-Pharazôn der Goldene. Er war der letzte König der Insel und besiegelte auch ihren Untergang.

8. Die erste Königin von Númenor

Tar-Ancalimë war die erste weibliche Herrschende auf Númenor, was nur möglich war, da ihr Vater die númenorischen Gesetze bezüglich der königlichen Erbfolge geändert hatte (siehe auch Punkt 7). Ancalimë war laut der Legenden wunderschön und allseits begehrt, wollte aber nicht heiraten und versteckte sich darum vor ihren Verehrern auf einem Bauernhof auf dem Land. Dort verliebte sie sich in den Schafhirten Mámandil, der sich aber als ein adeliger Fürstensohn entpuppte, der sie reingelegt hatte. Aus politischen Gründen musste sie den Fürstensohn trotz ihres Widerwillens heiraten und gebar ihm einen Sohn, der ihren Platz auf dem Thron einnahm, nachdem sie 205 Jahre launenhaft und missmutig regiert hatte.

9. Insel mit vielen Namen

Die Insel Númenor trug viele Namen, die Elben beispielsweise nannten die Insel *Andor*, was aus dem Elbischen übersetzt so viel wie »Das geschenkte Land«

bedeutet, da es den Menschen von den Göttern geschenkt worden war. Im Hochelbischen hieß die Insel *Númenóre* und nach ihrer Zerstörung nannten die Elben sie *Atalante* (Quenya für »Die Untergegangene«). Die adûnaïschen Namen sind *Anadûnê* (für »Westernis«) und *Yôzâyan* (»Land der Gabe«). Der adûnaïsche Name Númenors nach dessen Zerstörung war *Akallabêth.* Die Dúnedain nannten sie *Mar-nu-Falmar* (»Heimat unter den Wellen«). Ein weiterer, selten gebrauchter Name für Númenor war *Elenna* (Quenya für »Von Sternen geleitet«). Diesen Namen erhielt die Insel, weil die Menschen auf ihrer Fahrt nach Númenor zu Beginn des Zweiten Zeitalters von Eärendils Stern geleitet wurden.

10. Das kulturelle Erbe Númenors

Während der Erzählung des *Herrn der Ringe* ist Númenor schon seit vielen Tausend Jahren untergegangen, aber die númenorische Kultur ist immer noch sehr präsent in Mittelerde, da die Nachkommen der Númenorer die Königreiche Gondor und Arnor gründeten. So sind beispielsweise die beiden Königsstandbilder der Argonath typisches númenorisches Kulturerbe und auch Sarumans Turm Orthanc wurde nach númenorischem Vorbild gebaut.

Das Wappen von Gondor (das stilisiert auch auf dem Cover dieses Buches zu sehen ist) ist sehr númenorisch geprägt, denn es zeigt einen weißen Baum auf schwarzem Grund, darüber sieben fünfzackige Sterne. Der Baum im Wappen steht für den Schössling von Nimloth, den Weißen Baum aus Númenor. Die Sterne stehen für jeweils einen der Palantíri, die Elendil von Númenor mit nach Mittelerde gebracht hatte.

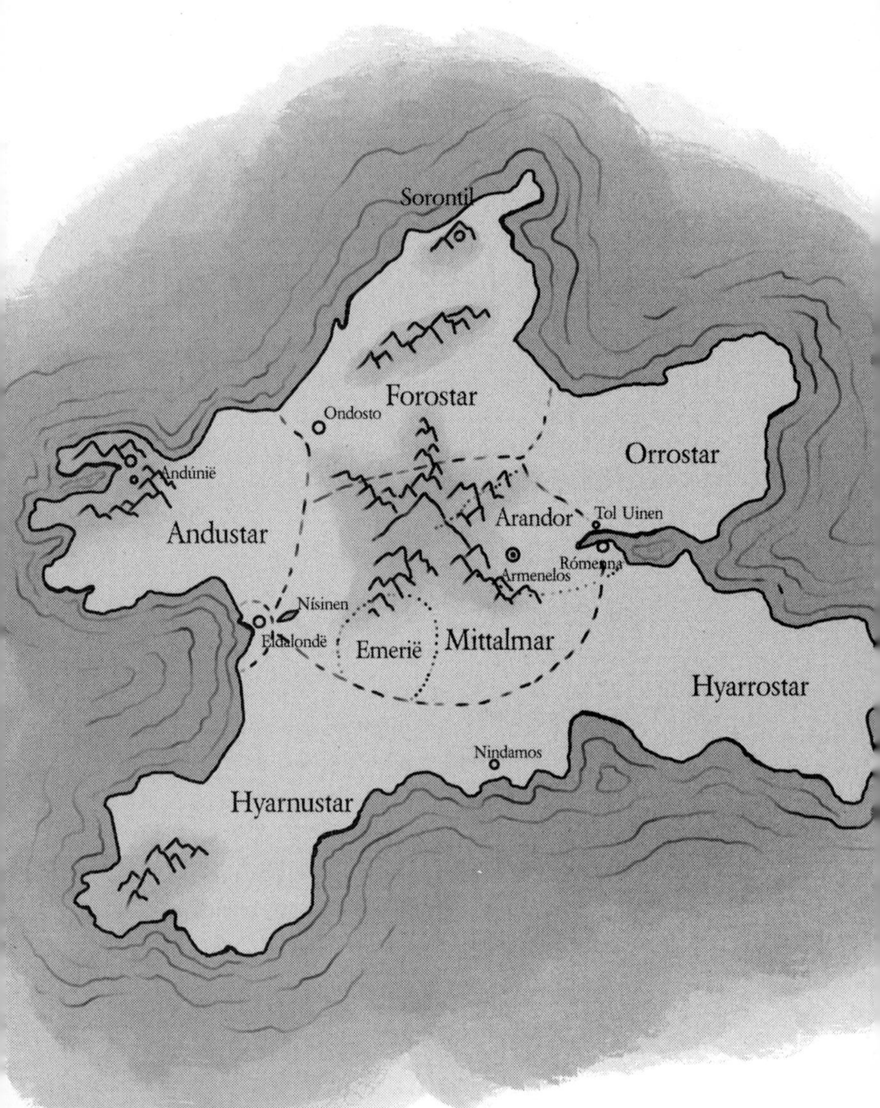

DIE INSEL NÚMENOR

SKURRILES UND KURIOSES

Angeblich konnten die Elben das wahre Wesen der Valar durch ihren Geruch wahrnehmen, Melkor soll unheimlich gestunken haben.

Kurioser Name: Galadriels Gemahl Celeborn hieß in der Sprache der Telerielben *Teleporno* (was »Hohes Silber« bedeutet).

Laut Tolkiens Notizen war Aragorn aufgrund seiner elbischen Abstammung nicht in der Lage, sich einen Bart wachsen zu lassen. Genau wie bei all seinen Vorfahren, die Könige von Númenor, war sein Kinn von Natur aus glatt wie ein Babypopo.

Tarondor, der 27. König von Gondor, hatte mit 162 Jahren Regierungszeit die längste Herrschaft aller Könige von Gondor.

Dem númenorischen Seefahrer Veantur gelang im Jahr 600 des Zweiten Zeitalters mit seinem Schiff Entulesse (Quenya für »Wiederkehr«) als Erstem die Überfahrt nach Mittelerde, wo er die Grauen Anfurten erreichte.

Die Menschen auf Númenor verfügten nicht nur über eine außergewöhnlich gute Gesundheit, viele schenkten ihre Aufmerksamkeit auch der *Hröangolmë*, also der Kunst des Heilens. Als sie nach Mittelerde kamen, wurden sie als große Heiler bekannt, und auch Aragorn verfügte später über diese Fertigkeit.

Auf Númenor gab es eine kleine, scharlachrote Vogelart, die Kirinki hieß. Die Stimmen dieser Vögel lagen im Ultraschallbereich und waren für Menschen kaum hörbar.

Auf der Turmspitze des Königspalastes auf Númenor befand sich etwa 2000 Jahre lang ein Adlerhorst, in dem stets ein Adlerpaar wohnte, das vom jeweiligen König oder der Königin mit Futter versorgt wurde.

Auf der Insel Númenor versammelten sich die wild lebenden Bären einmal im Jahr zu einem großen Tanz, dem sogenannten *Ruxoale*, bei dem auch die Menschen zuschauen durften – solange niemand anfing zu lachen.

Auf Númenor gab es ein Gewächs, das wegen seiner langen, herabhängenden Blütentrauben »Goldregen« genannt wurde. Viele Númenorer glaubten, dass es vom legendären goldenen Baum Laurelin in Valinor abstammte, was aber nicht der Fall war.

Tolkien entwickelte viele verschiedene Fassungen der Legende von Feanor, dem Schöpfer der Silmaril, beginnend etwa 1916 mit *Die Ankunft der Elben und die Gründung von Kôr* bis hin zu den *Shibboleth of Feanor* von 1968. Die im *Silmarillion* publizierte Fassung stammt ungefähr aus den Jahren 1951/52.

In den frühen Manuskripten des *Herrn der Ringe* war der Schmied der drei Elbenringe Silmaril-Erschaffer Feanor. Später änderte Tolkien dies zu Celebrimbor, einem Enkel von Feanor.

Der älteste aller Wale im großen Meer Belegaer war Uin. Er führte die Fischschwärme und die anderen Wale an, welche die entwurzelte Insel Tol Eressëa auf Geheiß Ulmos mit den Elben nach Valinor zogen.

Das Schwarze Tor von Mordor, dass Frodo und Sam auch im *Herrn der Ringe* sehen, war ursprünglich ein gondorianisches Bauwerk, errichtet, damit die finsteren Kreaturen Mordor nicht verlassen können.

TOLKIEN FACTS

Die Mutter aller Schlachten

Laut einer göttlichen Prophezeiung wird der dunkle Herrscher Morgoth viele Zeitalter nach dem Ringkrieg zurückkehren und Dunkelheit über Arda bringen. Daraufhin werden alle Menschen, Zwerge und Hobbits, die jemals gelebt haben, aus dem Totenreich auferstehen und in der *Dagor Dagorath*, der größten aller Schlachten, gegen die finsteren Armeen antreten. In dieser Schlacht wird der Menschenkrieger Túrin (der auch wiederaufersteht) Morgoth mit dem Schwarzen Schwert Gurthang endgültig töten. Ob wir das noch erleben werden?

Vom Altern der Elben

Um das körperliche Altern eines Elben in menschlichen Maßstab zu bringen, erdachte Tolkien mehrere Formeln, je nach Lebensraum und Zeitalter. Allgemein kann man bei erwachsenen Elben von einem Verhältnis von 100 : 1 ausgehen. Bei der Vermählung mit Aragorn ist Arwen 2778 Jahre alt, wirkt also wie eine knapp 28-Jährige. Ihr Vater Elrond ist 6520 Jahre alt, wirkt also wie ein 65-jähriger Mensch.

TOLKIEN FACTS

Alterspyramide

Die höchste Lebenserwartung aller sterblichen Völker hatten die Menschen auf Númenor – mit einem durchschnittlichen Alter von 237 Jahren. Zwerge wurden in der Regel nur 200 Jahre alt (die meisten starben vorzeitig im Kampf), Hobbits wurden knapp über 100 (Bilbo war eine Ausnahme, weil er den Einen Ring besaß).

Elbensprache mit Niveau

Die Elbensprache Quenya wird im Dritten Zeitalter nicht mehr als Umgangssprache, sondern nur für Rituale und Aufzeichnungen verwendet. Sprachexperten vergleichen Quenya oft mit Finnisch, einer Sprache, die auch Tolkien zumindest passiv beherrschte, da einige außergewöhnliche Fälle (Kasus) des Finnischen sich im Quenya wiederfinden, unter anderem der Allativ.

Insgesamt hat Tolkien sechs elbische Sprachen für seine Schöpfung erdacht.

Die Flotte von Ar-Pharazôn benötigte nur 39 Tage von Númenor bis an die Küste von Aman.

Der größte Teil der namentlich genannten Charaktere in Tolkiens Gesamtwerk sind Menschen, und zwar 472 an der Zahl (davon 410 Männer und 62 Frauen). Die zweitgrößte Zahl bilden die Hobbits (172 männlich, 74 weiblich).

Sauron hatte ursprünglich einen ansehnlichen, schönen Körper, der beim Untergang von Númenor ertrank. Sein Geist stieg aus den Tiefen des Ozeans auf und Sauron war von da an außerstande, eine schöne Gestalt anzunehmen.

Die Bezeichnung *Balrog* stammt aus der Elbensprache Sindarin und bedeutet »starker Dämon«.

Samweis Gamdschies Vater heißt Hamfast, was vom altenglischen Wort »*hāmfæst*« abstammt, welches wiederum übersetzt »Bleib zu Hause!« bedeutet. Hamfasts echter Name in der Hobbitsprache ist Ranugad (Ran) Galbasi.

Als Umgangssprache der Elben ist das Sindarin am weitesten verbreitet und wird sogar von vielen Menschen beherrscht. Sprachexperten vergleichen Sindarin von der Ästhetik her oft mit dem Walisischen.

Der Schiffbauer Círdan ist der älteste in Mittelerde lebende Elb und einer der wenigen, der einen Bart trägt. Der einzige andere bärtige Elb in Tolkiens Erzählungen ist der weitaus unbekanntere Mahtan, ein Schmied der Noldor in Valinor und Feanors Schwiegervater.

Der Durinstag ist der Neujahrstag der Zwerge, der immer am ersten Tag der letzten Mondphase im Herbst begangen wird. Ihn genau zu bestimmen ist aufgrund von Tolkiens widersprüchlichen Aufzeichnungen unmöglich.

Die Waldelben in Mittelerde sprachen lange Zeit eine eigene Sprache namens Nandorin, die zwar mit dem Sindarin verwandt, aber nicht identisch war. Über diese Sprache ist kaum etwas überliefert. Der Großvater von Legolas führte Sindarin als Amtssprache im Waldlandreich ein, wo es das Nandorin verdrängte und nur in Namen und in einem das Sindarin verfremdenden Akzent erhalten blieb.

In Tolkiens Gesamtwerk kommen insgesamt nur 100 Elben vor, die namentlich erwähnt werden, davon sind 78 männlich und 22 weiblich.

Das veraltete Bild der Jungfrau in Nöten wird heutzutage von Feministen oft kritisiert. Als Tolkien beschrieb, wie die Elbenmaid Lúthien ihren geliebten Beren aus der Gefangenschaft rettet, war er also seiner Zeit voraus.

Im Krieg der Mächte wird Melkor erstmals besiegt und sitzt danach 3000 oder 43 200 Menschenjahre (je nach Zeitrechnungsmodell) im Kerker des Gottes Mandos fest. So oder so hat es sich vermutlich für Melkor wie eine halbe Ewigkeit angefühlt.

Elbenkinder können bereits im ersten Lebensjahr sprechen, laufen und tanzen, entwickeln sich aber körperlich langsamer als Menschenkinder. Ein Elbenkind mit 18 Jahren wirkt in etwa wie ein siebenjähriges Menschenkind. Erst mit 50 sind die meisten Elben voll ausgewachsen.

Die Menschen wurden 1000 beziehungsweise 14 400 Jahre nach den Elben erschaffen (je nach Zeitrechnungsmodell). Sie erwachten beim Aufgang der Sonne in Hildórien (im Osten von Mittelerde).

Trotz ihrer langen Lebensspanne hatten die meisten Elben nur wenige Kinder. Einzige Ausnahme waren Feanor und Nerdanel, die insgesamt sieben Kinder zeugten, was nach elbischen Maßstäben absoluter Rekord war.

Die Elben feiern nicht ihren Geburtstag, sondern den Tag ihrer Zeugung.

Im Ersten Zeitalter kämpften in den Schlachten ganze Armeen von Balrogs, geführt von Fürst Gothmog, dem mächtigsten aller Balrogs.

Ähnlich wie die Armee der Toten, die Aragorn in den Krieg folgte, wartete auch die verfluchte Armee des númenorischen Königs Ar-Pharazôn in den Höhlen der Vergessenen auf Erlösung.

Beleg Langbogen war neben Mablung der einzige Elb aus Doriath, der in der Schlacht der ungezählten Tränen mitkämpfte.

Der Enttrunk ist abgesehen von Wasser das einzige bekannte Nahrungsmittel der Ents.

Tolkien hat in seinen Notizen unterschiedliche Angaben zur Schwangerschaftsdauer von Elben gemacht. Während in einigen Notizen die Rede davon ist, dass die Schwangerschaft einer Elbe zwölf Monate dauert, ist in anderen Texten von neun Monaten die Rede.

Ein von Elben berittenes Pferd konnte bei einer angenehmen Reisegeschwindigkeit und mit nur einer kurzen Pause zehn Stunden kontinuierlich eine Geschwindigkeit von 16 Kilometern pro Stunde halten. Zum Vergleich: Ein Mensch auf einem Pferd hat im Schritt-Gang eine Reisegeschwindigkeit von 5,5 Kilometer pro Stunde, im Trab etwa 12 Kilometer pro Stunde.

Die Elben hatten ein anderes Zahlensystem, als wir es kennen. Sie verwendeten in der Regel ein Duodezimalsystem (also ein 12er-System), bei dem in Tengwar die niedrigste Zahl zuerst und die höchste Zahl zuletzt geschrieben wurde. Ein Beispiel: Um die Jahreszahl 1436 zu schreiben, schrieben die Elben 6-3-4-1.

Das númenórische Längenmaß »ranga« bedeutet übersetzt »Schritt« und entspricht exakt 96,52 Zentimetern.

Das Binnenmeer von Helcar war
2,65 Millionen Quadratkilometer groß.

Elbenfrauen spüren bei der Geburt ihrer Kinder keine Schmerzen, dennoch ist der Vorgang für sie sehr anstrengend, weshalb sie sich danach drei bis sechs Jahre ausruhen müssen.

DIE RINGE DER MACHT

DIE SIEBEN ZWERGENRINGE

Geschmiedet unter Saurons Anleitung von den Elbenschmieden in Eregion. Sieben Ringe für die sieben Stämme der Zwerge. Der mächtigste der sieben war der Ring von Durins Volk.

Kräfte: *Lebensverlängerung und Reichtum (aber auch Gier)*

Träger: *Die Fürsten der Zwerge, darunter Thorins Vater Thráin II.*

TOLKIEN FACTS

Gestaltwandlerin Melian

Melian, die Mutter von Lúthien, war eine Maiar (also eine Art Halbgöttin). Sie war in der Lage, ihre Gestalt je nach Erfordernis zu wechseln. Um ihre Tochter Lúthien zu gebären, nahm sie eine Frauengestalt an und wurde durch die Geburt daran gebunden. Solange ihr Mann und ihre Tochter in Arda am Leben blieben, konnte sie ihre Gestalt nicht mehr ändern. Erst als beide gestorben waren, legte sie ihre humanoide Gestalt wieder ab.

Edle Gnome

In seinen Aufzeichnungen hielt Tolkien lange an der Bezeichnung »Gnomes« für die Noldorelben fest, weil er die sprachwissenschaftliche Verbindung zum griechischen Ursprung des Wortes (nämlich »Erkenntnis«) mochte und sich offenbar weigerte anzuerkennen, dass die meisten seiner Landsleute sich unter dem Begriff einen Gartenzwerg vorstellten.

TOLKIEN FACTS

Die Erde ist eine Scheibe

Laut Tolkiens Mythologie war die Welt Arda zunächst flach und wurde erst nach dem Untergang von Númenor zu einem runden Planeten. Tolkien schuf aber auch eine astronomisch korrekte Variante, mit einem von Anfang an runden Planeten in einem Sonnensystem namens Arda. Diese Version konnte nie mit der Mythologie in Einklang gebracht werden.

Unbekannte Allgemeinsprache

Immer wenn die Figuren im *Herrn der Ringe* etwas auf Deutsch sagen, sprechen sie eigentlich Westron, die Allgemeinsprache von Mittelerde. Über diese Sprache ist sehr wenig bekannt, da sie konsequent »übersetzt« wurde und nie in ihrer Urform zu lesen ist. Einer der wenigen bekannten Westron-Vokabeln ist »Sôval Phârë«, was »gemeinsame Sprache« bedeutet.

Tolkien erfand einmal nur aus Spaß ein Fingerspiel für elbische Kinder, in dem die Finger (vom Daumen beginnend) Papa, Mama, großer Junge, Tochter, Säugling heißen. Das Spiel kommt aber in keinem seiner Werke vor.

Die Elben waren beidhändig und empfanden keinen Unterschied zwischen links und rechts. Sie konnten in der Regel mit beiden Händen schreiben. Schrieben sie Tengwar mit links, dann war die Schrift spiegelverkehrt, was meistens bei privater Korrespondenz genutzt wurde.

Das Lied »Narn i Hín Húrin« über die Kinder Húrins, ist das längste aller Lieder Beleriands und wurde auch von Elben hoch geschätzt, obwohl es von Menschen handelt.

Die Hobbits glauben an Werwürmer, die in den fernen Wüsten im Osten von Mittelerde leben sollen.

Der Berg Thangorodrim im Norden von Mittelerde war mit einer geschätzten Höhe von 11 000 Metern wesentlich höher als der Mount Everest (8848 Meter).

J. R. R. TOLKIEN UND SEIN WERK

John Ronald Reuel Tolkien wurde am 3. Januar 1892 in Bloemfontein in Südafrika geboren, wo sein Vater als Manager für die Britische Bank tätig war.

Tolkiens Vorfahren väterlicherseits waren Handwerker der Mittelschicht, die in London und Birmingham Uhren und Klaviere herstellten und verkauften.

Die Familie Tolkien war im 18. Jahrhundert aus Ostpreußen eingewandert. Der Name Tolkien soll vom deutschen Namen »Tollkühn« abstammen.

Tolkien hatte einen jüngeren Bruder, Hilary Arthur Reuel, der am 17. Februar 1894 geboren wurde.

Freunde und Verwandte sprachen J. R. R. Tolkien mit seinem zweiten Vornamen Ronald an.

Ein junger Diener der Familie in Südafrika, der Tolkien für ein wunderschönes Baby hielt, nahm ihn mit in sein Dorf, um mit ihm anzugeben, und brachte ihn am nächsten Morgen zurück.

Als Tolkien drei Jahre alt war, reiste er mit seiner Mutter und seinem Bruder für einen längeren Familienbesuch nach England. Während dieser Zeit starb sein Vater in Südafrika an rheumatischem Fieber.

Tolkiens Mutter Mabel konvertierte im Jahr 1900, trotz vehementer Proteste ihrer baptistischen Familie, zum katholischen Glauben. Daraufhin stellte ihre Familie jegliche finanzielle Unterstützung für sie ein.

Die Landschaft um Birmingham, in der Tolkien seine Kindheit verbrachte, inspirierte ihn später zu den Beschreibungen des Auenlands.

Tolkiens Tante Jane wohnte auf einem Bauernhof in »Bag End« (Beutelsend), einer Verballhornung des französischen Begriffs »cul-de-sac«, der ironischerweise nur in England für Sackgassen verwendet wird.

Mabel Tolkien unterrichtete ihre beiden Kinder zu Hause.

Tolkien konnte bereits im Alter von vier Jahren lesen und bald darauf fließend schreiben. Schon in jungem Alter stellte er fest, dass er *Die Schatzinsel* von Robert Louis Stevenson mochte, aber *Alice im Wunderland* von Lewis Carroll »verstörend« fand.

Tolkien liebte als Kind die Geschichten über die indigenen Völker Amerikas und die Werke des schottischen Autoren George MacDonald *(Phantastus. Ein Feenmärchen)*.

Die *Fairy Books* von Andrew Lang waren für Tolkien in seiner Kindheit besonders wichtig, und ihr Einfluss ist in vielen seiner späteren Schriften zu erkennen.

Als J. R. R. Tolkien zwölf Jahre alt war, starb seine Mutter an Diabetes, 17 Jahre bevor Insulin entdeckt wurde. Sie war damals etwa 34 Jahre alt.

Vor ihrem Tod hatte Mabel Tolkien die Vormundschaft für ihre Söhne ihrem engen Freund, Pater Francis Morgan vom Oratorium in Birmingham, übertragen, der sie zu guten Katholiken erziehen sollte.

Tolkien verabscheute die Werke von Shakespeare, weil er in der Schule gezwungen worden war, sie auswendig zu lernen. Im hohen Alter gab er zu, zumindest Gefallen an den Theateraufführungen zu finden.

Als im Mai 1910 König George V. zum neuen König von England gekrönt wurde, stand Tolkien mit den anderen Kadetten des Offiziersausbildungskorps der King Edward's School vor den Toren des Buckingham Palace Spalier.

Als er elf oder zwölf Jahre alt war, erfand Tolkien mit seiner Cousine Mary Incledon die künstliche Sprache Nevbosh. In der Sprache stand das Wort *Nev* für »neu« und *Bosh* für »Blödsinn«. Die Sprache hieß also »neuer Blödsinn«. Später erfand er als Teenager noch eine Sprache namens Naffarin.

Tolkien war erst 16, als er sich in die 19-jährige Edith Bratt verliebte. Aber sein Vormund verbot ihm, sich mit ihr zu treffen, bis er 21 war.

Kurz bevor er 1916 an die französische Front abkommandiert wurde, heiratete Tolkien seine erste große Liebe Edith Bratt, mit der er zeitlebens verheiratet war.

An der Universität gründete Tolkien mit drei Freunden die T.C.B.S. (Tea Club and Barrovian Society). Viele der Mitglieder tranken gerne Tee in der Nähe der Schule und in der Schulbibliothek und unterhielten sich über Literatur.

Er schloss sein Studium am Exeter College in Oxford mit einem erstklassigen Prädikatsexamen in englischer Sprache und Literatur ab.

Als sich Ronald und seine spätere Frau Edith gerade kennengelernt hatten und frisch verliebt waren, trafen sie sich oft in einem Teehaus und machten sich einen Spaß daraus, vom Balkon des Lokals Zuckerwürfel in die Hüte der vorbeigehenden Passanten fallen zu lassen.

Als er 19 Jahre alt war, wanderte Tolkien mit Freunden und Verwandten durch die Schweiz. Im Gästebuch einer der Berghütten kann man bis heute seine Unterschrift erkennen. Das Schweizer Lauterbrunnental inspirierte ihn später zur Beschreibung von Bruchtal.

Während des Ersten Weltkriegs wurde Tolkien als Signaloffizier eingesetzt. Während dieser Zeit erkrankte er an Fleckfieber und wurde Oktober 1916 mit einem Lazarettschiff zurück nach England gebracht.

Für die Beschreibung der Totensümpfe und des Gebietes vor dem Schwarzen Tor ließ sich Tolkien von seinen Erfahrungen im Ersten Weltkrieg inspirieren. Tolkien hatte als Soldat die Schlacht an der Somme in Frankreich miterlebt, die mit zu den blutigsten Schlachten des Ersten Weltkriegs gehört.

Während des Krieges schuf Tolkien seinen eigenen Geheimcode. Er kommunizierte auf diese Weise mit seiner Frau Edith, damit sie wusste, dass es ihm gut ging.

Während seines Genesungsurlaubes 1916 begann Tolkien mit der Erschaffung von Mittelerde. Er schrieb *Das Buch der verschollenen Geschichten*, in dem bereits viele Fragmente des *Silmarillion* enthalten waren. Das Buch wurde erst 68 Jahre später, zehn Jahre nach seinem Tod, veröffentlicht.

Edith tanzte oft für Ronald bei Waldspaziergängen, was Tolkien zur Schilderung der ersten Begegnung des Menschen Beren mit der Elbe Lúthien inspirierte.

Tolkien und seine Frau hatten vier Kinder: John Francis Reuel Tolkien (* 1917), Michael Hilary Reuel Tolkien (* 1920), Christopher John Reuel Tolkien (* 1924) und Priscilla Mary Anne Reuel Tolkien (* 1929).

Als er den *Hobbit* schrieb, bezeichnete Tolkien den Zauberring, den Bilbo findet, einmal als »nicht sehr gefährlich«.

Bevor Tolkien den Roman *Der Hobbit* schrieb, hatte er die komplette Handlung seinen Kindern schon aus dem Stegreif als Gutenachtgeschichten erzählt.

Eigentlich hatte Tolkien nicht geplant, den *Hobbit* bei einem Verlag vorzustellen. Er hatte das Buch aber seiner Studentin Elaine Griffiths gezeigt, die eine Lektorin kannte, der sie das Manuskript empfahl. Tolkien musste erst dazu überredet werden, das Buch zu veröffentlichen.

The Hobbit erschien am 21. September 1937 mit einer Startauflage von 1500 Exemplaren, die noch vor Weihnachten des gleichen Jahres ausverkauft war.
Das Buchcover hatte Tolkien selbst gemalt.

Tolkien war für seinen schrägen Humor bekannt. In den 1930er -Jahren jagte er in der Silvesternacht einen Nachbarn die Straße hinunter, verkleidet als axtschwingender angelsächsischer Krieger.

Tolkion schätzte die Schönheit der Sprache unabhängig von ihrer Bedeutung. Sein Lieblingswort (nur vom Klang her) war »cellar door« (»Kellertür«).

TOLKIEN FACTS

Sprachgenie Tolkien

Tolkien galt als außergewöhnlich sprachbegabt. Er sprach unter anderem Dänisch, Niederländisch, Französisch, Deutsch, Gotisch, Griechisch, Italienisch, Latein, Lombardisch, Mittel- und Altenglisch, Altnordisch, Norwegisch, Russisch, Serbisch, Spanisch, Schwedisch, Walisisch und mittelalterliches Walisisch. Außerdem noch eine ganze Reihe fiktiver Sprachen, die er selbst erfunden hatte.

Besuch auf einem Fan-Treffen

Im März 1958 war Tolkien der Ehrengast bei dem »Hobbit-Mahl«, einer eintägigen Fan-Convention in Rotterdam. Fotos und Berichte belegen, dass Tolkien jede Menge Autogramme gab, am Ende des Abends relativ betrunken war und eine Menge Spaß zu haben schien. Er hatte nie zuvor eine solche Einladung angenommen und tat dies auch danach nie wieder.

TOLKIEN FACTS

Der wandernde Wald

Tolkien erzählte einmal, dass er als Teenager ziemlich enttäuscht gewesen sei, als die drei Hexen in *Macbeth* ankündigen, dass der Wald von Birnam zum hohen Berg von Dunsinane (in die Schlacht) zieht, es am Ende aber nur Soldaten mit Ästen an den Helmen sind. Immerhin inspirierte ihn der Gedanke zum letzten Marsch der Ents.

Wertvolle Lektüre

Eine Erstausgabe des Kinderbuchs *The Hobbit* ist 2015 in London vom Auktionshaus Sotheby's für 137 000 Pfund (damals umgerechnet 187 000 Euro) versteigert worden. Das Buch war ein Geschenk Tolkiens an eine einstige Studentin und enthält eine handgeschriebene Widmung auf Elbisch.

In einem Brief über eine mögliche Verfilmung schrieb J. R. R. Tolkien, dass er verstehen könne, wenn man die Handlung für einen Film kürzen müsse, und schlug vor, auf Tom Bombadil und die Befreiung des Auenlandes zu verzichten.

Zeit seines Lebens hatte Tolkien davon geträumt, das *Silmarillion* zu veröffentlichen, doch kein Verlag wollte das Risiko eingehen, ein so komplexes Buch zu verlegen. Erst nach seinem Tod wurde das Werk von seinem Sohn Christopher überarbeitet veröffentlicht.

Im Jahr 2003 wurde der 25. März von der Tolkien Society erstmals als Tolkien-Lesetag in Schulen ausgerufen und wird seitdem jährlich von Fans auf der ganzen Welt zelebriert. Bei dem Tag handelt es sich um das Datum, an dem in Mittelerde der Eine Ring vernichtet wurde.

Die Mehrheit der Werke von Tolkien wurde erst nach seinem Tod durch seinen Sohn Christopher veröffentlicht.

Tolkien weigerte sich, einen Lektor über sein *Herr der Ringe*-Manuskript schauen zu lassen, weil es seiner Meinung nach perfekt sei. Dennoch gab er es einigen Freunden, die er um ihr Feedback bat.

Die Filmbiografie über Tolkien (2019) von Dome Karukoski weicht aus dramaturgischen Gründen mehrfach von der Realität ab und wurde von Tolkiens Nachkommen nie autorisiert.

Als Tolkiens Sohn Michael in die Armee eintrat, gab er den Beruf seines Vaters als »Zauberer« an.

Obwohl Tolkien ein typischer Konservativer war, hatte er für seine Zeit außergewöhnlich moderne Ansichten, was das Thema Naturschutz anging. Mit zunehmendem Alter entdeckte er zudem eine Neigung zur Anarchie, wie er einmal selbst meinte.

Tolkien bezeichnete den britische Avantgarde-Künstler William Morris als eine seiner größten Inspirationen.

Tolkiens Neigung zu übertriebenen Streichen setzte sich bis ins hohe Alter fort. Einmal gab er einem Kassierer mit dem Wechselgeld auch seine falschen Zähne. Er habe einen sehr einfachen Sinn für Humor, schrieb er im *Brief an Deborah Webster* über sich selbst.

Einer von Tolkiens Lieblingssprüchen war: »Lache nie über Drachen, solange sie lebendig sind.« (Aus dem Kapitel »Aus gut unterrichteter Quelle« in *Der Hobbit*).

Auf dem Grabstein von Tolkien und seiner Frau Edith sind die Namen »Beren und Lúthien« eingraviert. In Tolkiens Mythologie war Beren ein Mensch, der sich unsterblich in eine Elbenprinzessin verliebt, die ihre Unsterblichkeit für ihn aufgibt. Für Tolkien war dies eine seiner wichtigsten Erzählungen.

Als Tolkien den *Herrn der Ringe* schrieb, hatte er keine Ahnung, wohin die Reise gehen würde, sodass viele Charaktere unterentwickelt sind und die Struktur sich von den Büchern »professioneller« Autoren stark unterscheidet.

J. R. R. Tolkien hat etwa 60 Jahre am *Silmarillion* geschrieben.

Tolkien lehnte es ab, mit seinem Professorentitel angesprochen zu werden, ihm reiche »Mr Tolkien«, schrieb er einmal in einem Brief.

Tolkiens Lehrvertrag an der Universität von Oxford sah vor, dass er nur 36 Vorlesungen pro Jahr halten sollte, aber er hielt zwischen 70 und 136.

Tolkien sagte einmal, dass er seine Geschichten nur geschrieben habe, um den von ihm erfundenen Sprachen eine Welt zu geben.

J. R. R. Tolkien war 1923 Mitbegründer der English Place-Name Society, die sich mit der Erhebung und Erforschung alter englischer Ortsnamen beschäftigt. Die Gesellschaft existiert bis heute.

Weil Wörter Bilder im Kopf erzeugen, gefiel es Tolkien, Gebiete im Auenland mit einfachen Begriffen zu benennen: »The Hill« (Der Bühl), »The Water« (die Wässer) oder »The Hedge« (Die Hecke).

Für die Figur von Bauer Maggot ließ sich Tolkien von einem echten Landwirt aus Sarehole inspirieren, der ihm als Kind einmal beim Pilzesammeln hinterhergelaufen war und den Tolkien in seiner Erinnerung scherzhaft den »schwarzen Oger« nannte.

Tolkien unternahm 1911 eine Flussfahrt auf dem Rhein, bei der er unter anderem das romantische Rheintal samt Siebengebirge, Drachenfels und Loreley kennenlernte. Eine Gegend, die ihn später für die Beschreibung der Teiglinschlucht in Beleriand inspirierte, an dem die Geschichte um Túrin Turambar endet.

Tolkien hasste es, wenn man seinen *Herrn der Ringe* mit Richard Wagners *Ring des Nibelungen* verglich, weil er die Oper nicht ausstehen konnte.

TOLKIEN FACTS

Berühmte erste Worte

Die erste Zeile von *Der Hobbit* kam Tolkien in den Sinn, als er in den Sommerferien 1928 gerade Prüfungsbögen fürs College bewertete. Gedankenverloren kritzelte er den Satz »In einem Loch im Boden, da lebte ein Hobbit« auf ein leeres Blatt, ohne selbst zu wissen, was genau das bedeutet.

Verfluchte Ringinschrift

Tolkien betrachtete die Ringinschrift als etwas sehr Abscheuliches. Als er von einem Fan einmal einen Trinkbecher geschenkt bekam, der mit der Ringinschrift graviert war, schrieb er in einem Brief, dass er niemals aus dieser Tasse trinken könne, aber er ziehe in Betracht, sie als Aschenbecher zu verwenden. Was er wohl davon hält, dass viele Fans sich diese Inschrift haben tätowieren lassen?

TOLKIEN FACTS

Die Tintenkleckser

Tolkien traf sich jeden Dienstag mit den Schriftstellern C. S. Lewis, Charles Williams und Owen Barfield zum Mittagessen in einem Oxforder Pub namens *Eagle and Child*. Die Gruppe nannte sich »The Inklings« (»Die Tintenkleckser«) und sie lasen sich gegenseitig Seiten aus ihren Büchern vor.

Sauron als Katze

Tolkien hasste Katzen und mochte Hunde. Kein Wunder also, dass Hunde in seinen Geschichten oft eine positive Rolle spielen und Katzen meistens böse sind. Im *Herrn der Ringe* erwähnt er die böse Königin Berúthiel, die ihre zehn Katzen als Spione einsetzt. Und in den frühen Fassungen der Geschichte von »Beren und Lúthien« ist Sauron ursprünglich sogar ein Katzenfürst namens Tevildo.

Tolkien schrieb in einem Brief, dass von allen Charakteren im *Herrn der Ringe* ihm Faramir am nächsten komme.

2009 wurde Tolkien vom *Forbes*-Magazin in die Liste der bestverdienenden verstorbenen Prominenten auf Platz fünf geführt.

Für seine Pflanzenbeschreibungen im *Herrn der Ringe* konsultierte J. R. R. Tolkien unter anderem den Gärtner des Merton College und bat ihn um seinen botanischen Rat.

Nur ein Jahr vor seinem Tod wurde J. R. R. Tolkien von Queen Elizabeth für seine Verdienste um die Literatur mit dem »Commander of the Order of the British Empire« ausgezeichnet.

In den 1960er-Jahren beschloss der Vatikan im Rahmen der Liturgiereform, dass Messen nun in der Landessprache statt auf Latein abgehalten werden sollten. Als Philologe, der sich dem Katholizismus verschrieben hatte, nahm Tolkien großen Anstoß an den neuen Regeln. Während andere Kirchgänger um ihn herum den Antwortpsalm in der Messe von nun an auf Englisch sagten, antwortete er weiterhin auf Latein, und zwar so laut, dass ihn jeder hören konnte.

Tolkien mochte Autos nicht besonders, weil sie seiner Ansicht nach zu laut waren und die Umwelt verpesteten. Er selbst besaß nur kurze Zeit vor dem Zweiten Weltkrieg ein Auto, und seine Mitmenschen beschrieben ihn als einen miserablen Autofahrer. Einmal fuhr er das Familienauto »Old Jo« mit zwei platten Reifen gegen eine Mauer. Mit Beginn des Krieges und der damit verbundenen Rationierungen gab Tolkien das Autofahren für immer auf.

Viele von Tolkiens Aufzeichnungen befinden sich auf Rückseiten von Kalenderblättern oder Memos, auf Klausurbögen und sogar auf Verpflegungsrechnungen seines Colleges.

Mitte der 1960er-Jahre las J. R. R. Tolkien den Science-Fiction-Roman *Dune – Der Wüstenplanet* von Frank Herbert, der oft mit dem *Herrn der Ringe* verglichen wird. Tolkien mochte den Roman jedoch gar nicht. In einem Brief an einen Mann namens John Bush schrieb er 1966, dass es in diesem »unglücklichen Fall« am besten wäre, »zu schweigen« und sich nicht weiter zu dem Roman zu äußern.

1919 und 1920 arbeitete J. R. R. Tolkien als Autor am Oxford English Dictionary mit, dem umfangreichsten Wörterbuch der englischen Sprache. Dabei war er unter anderem für den Buchstaben »W« zuständig.

Aus J. R. R. Tolkiens Nachlass sind Zehntausende von originalen Manuskriptseiten erhalten, die in zwei großen Sammlungen aufbewahrt werden, und zwar in der Marquette-Universität im amerikanischen Milwaukee und in der Bodleian Library der Oxford-Universität in England.

J. R. R. Tolkien reiste mit seiner Familie an Wochenende oft an historische Orte in der Umgebung von Oxford, wie beispielsweise Burgen oder den berühmten Uffington White Horse Hill, von denen er sich dann für seine Erzählungen inspirieren ließ.

In Tolkiens Erzählung »Blatt von Tüftler« geht es um einen Mann, der verzweifelt versucht, einen fantastischen Baum zu malen und sich immer mehr in den Details verliert und zudem nicht fertig wird, weil er ständig durch den Alltag abgelenkt wird. Literaturexperten sehen in der Erzählung einen Allegorie auf Tolkiens Arbeit am Mittelerde-Mythos, welche er nie abschließen konnte.

Tolkien liebte es, die walisischen Namen auf Kohlewaggons von vorbeifahrenden Zügen zu lesen, weil ihr Klang ihm ein wundervolles Gefühl verlieh.

AUF DER KINOLEINWAND

Für die Produktion der *Herr der Ringe*-Filme gründete Peter Jackson die Produktionsfirma Three Foot Six Ltd, benannt nach der Körpergröße der Hobbits (3 foot and 6 inches).

Aragorns Original-Filmschwert Andúril wurde 2014 auf einer Aktion für 437 000 Dollar an den Meistbietenden verkauft und ist damit eine der wertvollsten Filmrequisiten überhaupt.

Für die *Herr der Ringe*-Trilogie wurden über 10 000 Maskenteile verwendet und über 3500 Paar Hobbitfüße hergestellt.

Das Codewort der *Herr der Ringe*-Produktion war »Jamboree«: Es wurde unter anderem auf Drehbüchern, Wegweisern und Verträgen verwendet.

Die *Herr der Ringe* Filmtrilogie wurde komplett in Neuseeland gedreht.

Für die Lawine auf dem Caradhras wurden acht Tonnen echter Schnee in das Filmstudio im neuseeländischen Wellington gebracht.

Alle Requisiten, von Fässern, Tassen, Tellern über Taue bis hin zu Knöpfen, wurden extra für die Filmtrilogie handwerklich angefertigt.

Für die Schauspieler der Hobbits und Zwerge in *Der Herr der Ringe* und deren Größendoubles, mussten Tausende von Requisiten in zwei verschiedenen Größen angefertigt werden. Die Detailversessenheit der Filmemacher ging sogar so weit, dass man den Stoff für die kleineren Kostüme auch entsprechend enger weben ließ.

Peter Jacksons Mutter Joan Jackson starb drei Tage vor dem Kinostart von *Der Herr der Ringe: Die Gefährten*.

Das erste Exklusiv-Interview zur *Herr der Ringe*-Verfilmung gab Peter Jackson 1998 einer Fan-Website.

Nach Boromirs Tod beginnt Aragorn im Film, als Zeichen der Anerkennung, die Armschützer seines Freundes zu tragen.

Die Gemälde von Bilbos Eltern über dem Kamin in Beutelsend zeigen Regisseur Peter Jackson und seine Frau Fran Walsh.

Für die Ruinen im Wald bei Amon Hen (dem Finale des ersten Films) wurden einige der Bauteile aus der Ruine auf der Wetterspitze wiederverwendet.

Der Eine Ring wurde nach Vorlage des Eherings von Produzent Rick Porras designt.

Das gealterte Aussehen der Gartenzäune im Auenland entstand, indem echter Schimmel aus einer Joghurtmischung geerntet und über die Zäune geklebt wurde.

Auf den *Herr der Ringe*-Extended-Editions-DVDs befinden sich insgesamt fünf *Easter Eggs*, also versteckte Videoclips, die man nur findet, wenn man weiß, wo man suchen muss.

Um Tolkien-Künstler John Howe als Konzeptdesigner zu gewinnen, riefen Peter Jackson und Fran Walsh ihn in der Schweiz an, ohne darüber nachzudenken, dass dort gerade zwei Uhr nachts war.

Liv Tyler verriet in einem Interview, dass Viggo Mortensen total auf ihre Elbenohren stand und sie in gemeinsamen Szenen oft streichelte.

In der frühen Planungsphase der Filmtrilogie wurde der Prolog noch von Frodo erzählt.

In der animierten Storyboard-Version (den sogenannten Pre-Viz) wurde Frodo noch vom neuseeländischen Schauspieler Craig Parker gesprochen, der später in den Filmen als Haldir zu sehen ist.

Regisseur Peter Jackson, Effektspezialist Richard Taylor und Produzent Barrie Osborne ließen sich eine elbische »Zehn« tätowieren.

Für die *Herr der Ringe*-Filme wurde das Bruchtal-Set mitten in einem Wald nördlich von Wellington erbaut. Für *Der Hobbit* entschied man sich, das gleiche Set komplett im Studio zu errichten. Das große Tor von Bruchtal, das heute in dem Wald steht, ist keine vergessene Filmkulisse, sondern wurde dort erst Jahre später als Touristenattraktion aufgestellt.

Die spannende Flucht über die zusammenbrechende Treppe in den Minen von Moria bestand im Drehbuch zunächst nur aus dem Satz »Die Gefährten rennen die Treppe hinab«. Erst die Konzeptzeichnung einer gewaltigen, von Rissen durchzogenen Steintreppe von Künstler Alan Lee inspirierte Peter Jackson zu der atemberaubenden Szene, die zu den spannendsten Actionsequenzen der Filmgeschichte zählt.

Viele der Filmcrew-Mitglieder haben Gastauftritte in den *Herr der Ringe*-Filmen, unter anderem ist Komponist Howard Shore bei einer Feier in Edoras zu sehen und Richard Taylor als Korsar von Umbar.

DIE RINGE DER MACHT

DIE NEUN RINGE DER MENSCHEN

Geschmiedet unter Saurons Anleitung von den Elbenschmieden in Eregion

Kräfte: *Unsterblichkeit und Unsichtbarkeit*

Träger: *Die neun großen Fürsten der Menschen von Mittelerde*

TOLKIEN FACTS

Aragorn, wechsle dich!

Ursprünglich wurde die Rolle von Aragorn von dem irischen Schauspieler Stuart Townsend (bekannt aus *Königin der Verdammten*) gespielt. Gemeinsam mit den anderen Darstellern hatte er sich wochenlang mit Schwertkampf und Rudertraining für die Dreharbeiten vorbereitet. Doch nach nur drei Drehtagen wurde er gefeuert, weil Peter Jackson ihn doch für zu jung für die Rolle hielt. Jackson bat kurzfristig Viggo Mortensen, die Rolle zu übernehmen, der sich auf Drängen seines elfjährigen Sohnes Henry, der ein Fan der Bücher war, am nächsten Tag in den Flieger nach Wellington setzte.

Beim Schminken eingeschlafen

Der Uruk-hai Lurtz, der Boromir am Ende des ersten Films tötet, ist eine Erfindung der Filmemacher. Er wird von dem neuseeländischen Schauspieler Lawrence Makoare verkörpert, der für das Auftragen der aufwendigen Maske bis zu zwölf Stunden im Make-up-Trailer verbringen musste. In der Regel begannen die Maskenbildner bereits abends gegen 20 Uhr, den Schauspieler in einen Ork zu verwandeln, damit dieser am nächsten Morgen um acht Uhr zum Drehen bereit war. Daher kam es nicht selten vor, dass Lawrence Makoare einschlief, während er geschminkt wurde.

TOLKIEN FACTS

Arwen, die Kriegerprinzessin

In den frühen Schnittfassungen von *Die zwei Türme* kämpfte Arwen bei der Schlacht um Helms Klamm mit. Diese Szenen wurden aber unter anderem aufgrund der Fan-Proteste im Internet (viele Fans nannten sie spöttisch »Xena-Arwen«) herausgeschnitten. In der finalen Filmfassung kann man in einigen kurzen Schnitten Arwen noch im Kampfgetümmel erblicken.

Verletzungen eines Waldläufers

Während der *Herr der Ringe*-Produktion verunglückte Viggo Mortensen (Aragorn) an einem freien Tag beim Surfen und schlug sich dabei das Surfbrett ins Gesicht. Das Ergebnis war ein fettes blaues Auge. Da in den darauffolgenden Tagen die Szene an Balins Grab in Moria auf dem Drehplan stand, sieht man Aragorn in diesen Szenen im Film immer nur von der linken Seite. Viggo Mortensen hat sich übrigens während der *Herr der Ringe*-Produktion sogar mehrfach verletzt. Während des Kampfes gegen die Uruk-hai am Amon Hen wurde ihm ein Zahn ausgeschlagen, den er sich mit Sekundenkleber wieder ankleben wollte. Und berühmt-berüchtigt ist sein Tritt gegen den Orkhelm, bei dem er sich zwei Zehen brach. Ein Moment, der im finalen Film sogar zu sehen ist.

Regisseur Peter Jackson ließ sich nach Abschluss der *Herr der Ringe*-Dreharbeiten in der Nähe des neuseeländischen Ortes Masterton ein Fantasy-Schloss (1639 Quadratmeter Wohnfläche) mit Geheimgängen und eigenem Kinosaal bauen.

2022 wurde Peter Jackson durch den Verkauf der von ihm für die Tolkien-Filme entwickelte Simulationssoftware *Massive* zum Milliardär.

Peter Jackson hat sich nach Ende der Dreharbeiten in seinem Garten eine originalgetreue Hobbithöhle (als Gästehaus) errichten lassen.

Weil nach der Veröffentlichung der Filme täglich Fans vor den Effektstudios Weta Workshop im neuseeländischen Wellington auftauchten, wurde ein spezieller Besucherbereich eingerichtet, in dem man Originalrequisiten bestaunen und Fan-Artikel kaufen kann.

Bei den Argonath, den Statuen der Könige, handelt es sich im Roman um Isildur und seinen Bruder Anárion, die beide in der jeweils rechten Hand eine Axt halten. Für die Verfilmung wurde Anárion gegen Isildurs Vater Elendil ausgetauscht, der statt einer Axt das Schwert Narsil hält.

Peter Jackson besitzt eine der größten Filmrequisiten-Sammlungen der Welt, die eine ganze Lagerhalle füllt.

In den meisten Szenen, in denen Gimli zu sehen ist, wird dieser durch das Size-Double Brett Beattie (Körpergröße 1,25 Meter) verkörpert. Nur in Nahaufnahmen wird der Zwerg tatsächlich von John Rhys-Davies gespielt.

Um den Ablauf der Schlacht um Helms Klamm zu planen, kaufte Peter Jackson 40 000 Spielzeugritter.

Billy Boyd war der älteste der vier Hobbit-Schauspieler im *Herrn der Ringe*, spielt aber Pippin, den jüngsten der vier Hobbit-Gefährten.

Philippa Boyens hatte vor *Der Herr der Ringe* noch nie ein Drehbuch geschrieben und wurde gleich mit einem Oscar ausgezeichnet.

Peter Jackson besitzt ein Privatflugzeug (ein G650 Gulfstream-Jet) und sammelt echte historische Flugzeuge aus dem Ersten Weltkrieg

Ein Security-Mitarbeiter der *Herr der Ringe*-Produktion hat während der Dreharbeiten Hunderte von Kostümen und Requisiten im Gesamtwert von über 213 000 Dollar gestohlen. Er wurde erwischt und zu 250 Stunden sozialer Arbeit verurteilt. Zu seiner Verteidigung sagte er, dass er einfach ein sehr leidenschaftlicher *Herr der Ringe*-Fan sei.

Der Bau des Auenland-Sets begann ein Jahr vor den Dreharbeiten, damit die Pflanzen dort genügend Zeit hatten, zu wachsen und zu wuchern.

Während der *Herr der Ringe*-Dreharbeiten bestanden die Hobbithöhlen nur aus Sperrholz und Styropor. Als ein Jahrzehnt später dann die *Hobbit*-Filme gedreht wurden, entschied man, die Höhlen aus echten Baumaterialien (Holz, Stein et cetera) zu bauen, damit sie nach Ende der Dreharbeiten fortbestehen konnten.

Das Auenland-Set ist mit über 600 000 Besuchern jährlich der meistbesuchte Drehort der Welt.

Im Auenland-Set ragen 47 Schornsteine aus dem Boden und jeder war während der Dreharbeiten mit einer kleinen Rauchmaschine versehen.

Um den Größenunterschied zwischen Bilbo und Gandalf deutlich zu machen, wurde das Filmset von Bilbos Hobbithöhle in zwei verschiedenen Größen gebaut. Die Inneneinrichtung war dabei bis ins Detail komplett identisch. Eine Meisterleistung, wenn man bedankt, was für ein Chaos dort herrscht.

Während Bilbos Geburtstagsfeier spielt Pippin (Billy Boyd) in der Hobbitband im Hintergrund Ukulele.

Auf der Innenseite von König Théodens Brustpanzer war ein Pferdewappen eingraviert, um dem Schauspieler das Gefühl zu geben, eine authentische Rüstung zu tragen.

Weihnachtslichterketten hinter der Kamera sorgten für das besondere Sternenfunkeln in den Augen von Galadriel.

Die Schauspieler der Ringgemeinschaft ließen sich während der Dreharbeiten das elbische Symbol für »Neun« tätowieren, anstelle von John Rhys-Davies (Gimli) nahmen sie aber Größendouble Brett Beattie mit, der wesentlich mehr Zeit mit ihnen vor der Kamera verbracht hatte.

TOLKIEN FACTS

Der König der Gastauftritte

Peter Jackson hat in allen drei *Herr der Ringe*-Filmen Cameoauftritte. Im ersten *Herr der Ringe*-Film sieht man ihn mit einer Möhre in der Hand in den Straßen von Bree. In *Die zwei Türme* wirft er als Rohan-Soldat mit Kettenhaube bei der Verteidigung von Helms Klamm schreiend einen Speer auf einen Uruk-hai und im dritten Film ist er als Korsar zu sehen, den Legolas mit einem Pfeil erschießt.

Cricket-Fans als Uruk-hai

Die 25 000 Zuschauer eines Cricketspiels im Westpac Trust Stadium im neuseeländischen Wellington erlebten im Februar 2002 eine Überraschung, als in der Spielpause Regisseur Peter Jackson mit einem Mikrofon auf das Spielfeld trat und die Menge bat, einige Tonaufnahmen für die gewaltige Armee der Uruk-hai aufzunehmen. Der Text in der Schwarzen Sprache wurde dafür auf der großen Leinwand eingeblendet. Das Ergebnis dieser außergewöhnlichen Tonaufnahme kann man in der Szene hören, in der Saruman seinem Diener Gríma die Uruk-hai-Streitmacht vor seinem Turm präsentiert.

TOLKIEN FACTS

Eine Weltpremiere der Rekorde

Die Weltpremiere von *Der Herr der Ringe: Die Rückkehr des Königs* fand Ende 2003 in Peter Jacksons Heimatstadt Wellington in Neuseeland statt. 125 000 Fans waren dafür angereist und jubelten den Schauspielern und der Filmcrew am vermutlich längsten roten Teppich der Welt (421 Meter) zu. Die Schauspieler und Crew wurden in zwölf offenen Limousinen durch die Stadt zum roten Teppich gefahren, über 200 Statisten in Kostümen marschierten auf, 27 000 Tüten Partyknabbereien wurden verteilt, 150 Kilometer Elektrokabel verlegt, 50 VIP-Limousinen für Ehrengäste gemietet, zwei Kilometer Absperrzäune aufgebaut und eine Boeing 747 mit *Herr der Ringe*-Motiven unternahm einen Tiefflug über die Menschenmenge.

Ein Filmset im Nirgendwo

Das Set von Edoras befand sich im wahrsten Sinne des Wortes im Nirgendwo, und zwar im Tal *Erewhon* auf der neuseeländischen Südinsel. Liest man den Namen rückwärts, ergibt das fast »Nowhere« (»nirgendwo«) und beschreibt recht gut die Lage dieses Punktes, der sich 85 Kilometer von der nächsten Ortschaft entfernt befindet.

Angeblich soll Ian McKellen bei einer Kampfszene vergessen haben, seine Armbanduhr auszuziehen, weshalb man diese nun im Film kurz an Gandalfs Handgelenk sehen könne. Dies ist aber nur eine urbane Legende, die sich durch eine Fotomontage im Internet verbreitet hat.

Die massive Eiche, die sich in den Filmen über Beutelsend erhebt, ist eine Attrappe aus Fiberglas, an die jedes der 200 000 künstlichen Seidenblätter einzeln von Hand geklebt worden ist.

In der gesamten *Herr der Ringe*-Filmtrilogie werden 836 Figuren »vor laufender Kamera« getötet: zwei Hobbits, 291 Menschen, 524 Orks beziehungsweise Uruks, zwei Trolle und sechs Nazgûl.

Die auffällige Statue in Helms Klamm zeigt Helm Hammerhand, einen König von Rohan, der dafür bekannt war, seine Feinde mit bloßer Faust zu erschlagen. Er galt als unverwundbar und die Feinde flohen vor dem Klang seines Hornes.

Regisseur Peter Jackson ist leidenschaftlicher Barfußläufer und hatte auch während der *Herr der Ringe*-Dreharbeiten fast nie Schuhe an. Also ein richtiger Hobbit.

Während der gesamten Filmtrilogie wechselt Legolas mit Frodo nur einen Halbsatz: »und meinen Bogen.«

Der Nebel, den Frodo und Sam in den Emyn Muil durchwandern, kam nicht aus der Nebelmaschine, sondern war ein Resultat des echten Wetters am Drehtag.

J. R. R. Tolkiens Urenkel Royd Tolkien durfte in der Filmtrilogie einen Gastauftritt als einer der Waldläufer in Osgiliath absolvieren. In der Extended Edition von *Smaugs Einöde* ist er ebenfalls kurz in einem Rückblick zu sehen.

Der Aufbau des Set von Edoras, der Hauptstadt von Rohan, an dem nur etwa zwei Wochen gedreht wurde, dauerte acht Monate.

Während ihres Abenteuers haben die Gefährten zahlreiche Gegner eliminiert. Aragorn führt die Tötungsliste mit 17 Opfern an, deren Ableben in Szenen sichtbar ist. Die Dunkelziffer ist aber wesentlich größer, denn alleine bei der Schlacht um Helms Klamm gibt Gimli an, 43 Orks getötet zu haben.

Haleth, der Junge, mit dem Aragorn kurz vor der Schlacht um Helms Klamm spricht, wurde vom Sohn der Drehbuchautorin Philippa Boyens gespielt.

Im Film-Soundtrack von *Die zwei Türme* wurde der Gong beim Einritt in Edoras von Regisseur Peter Jackson höchstselbst geschlagen. Dafür bekam er eine persönliche Einweisung vom Gong-Spieler des London Philharmonic Orchestra.

Die *Herr der Ringe*-Dreharbeiten liefen relativ chaotisch ab. Manchmal schrieb Peter Jackson spontan eine neue Szene, wenn ihn etwas in der Umgebung inspirierte oder aufgrund von äußeren Umständen die geplanten Szenen nicht gedreht werden konnten.

Weil Boromir-Darsteller Sean Bean Angst davor hatte, mit dem Hubschrauber zu fliegen, kletterte er bei dem Dreh auf einer neuseeländischen Bergkette mehrere Tage am Stück immer zu Fuß und in komplettem Kostüm den Berg hinauf.

Weil die Modelle für die Filmtrilogie teilweise sehr groß waren, wurden sie von der Crew nicht Miniatures, sondern »Bigatures« genannt.

Als die Szene gedreht wurde, in der Sam auf der Treppe bei Cirith Ungol Gollum dabei erwischt, wie dieser Frodos Lembas-Brot in den Abgrund wirft, war noch nicht klar, welcher Schauspieler Gollum spielen würde.

Für die Schlachtszenen im dritten Teil wurden von der Special-Effect-Crew 40 tote Pferde und ein toter Mûmak (Olifant) in Lebensgröße angefertigt.

Saruman-Darsteller Christopher Lee ist der einzige Schauspieler der *Herr der Ringe*-Trilogie, der J. R. R. Tolkien einmal persönlich getroffen hatte. Er war ihm zufällig in einem Pub in Oxford begegnet.

Für den richtigen Sound bei den Bewegungen der Ents wurden für die Tonaufnahmen 50 echte Bäume gefällt. Was die Ents wohl dazu gesagt hätten?

Um alle drei Extended Editions von *Der Herr der Ringe* am Stück zu schauen, benötigt man 11 Stunden und 35 Minuten.

Für sein Casting-Tape hatte sich Elijah Wood als Frodo verkleidet und mit einem Freund ein paar Testaufnahmen in einem Wald in der Nähe von Los Angeles gedreht.

Computereffektspezialist Gray Horsfield erschuf während seines zweiwöchigen Weihnachtsurlaubs im Alleingang eine digitale Version des Dunklen Turms von Sauron. Dafür arbeitete er 18 Stunden täglich, 14 Tage am Stück, um das Computermodell wie einen Glasturm zusammenbrechen zu lassen. Für den Sound des Einsturzes wurde Glas zerschmettert und Scherben aneinandergerieben.

Der Maskenbildner, der Sean Astin täglich die künstlichen Hobbitfüße anklebte, hieß John Foot (also »Fuß«).

Frodo fällt während der Filmtrilogie insgesamt 39 Mal zu Boden.

Christopher Lee wollte eigentlich die Rolle von Gandalf übernehmen.

Einer der Schauspieler, die für Aragorn in die engere Auswahl kamen, war Nicolas Cage. Er lehnte aber aus familiären Gründen ab.

Für die Nahaufnahmen des Einen Rings stellte der Silberschmied Thorkild Hansen einen Ring mit 20 Zentimeter Durchmesser her.

Auf der Kinoleinwand

Der Herr der Ringe-Schwertkampf-Experte Bob Anderson hat schon die Laserschwert-Duelle in *Krieg der Sterne* choreografiert. Anderson sagte, Viggo Mortensen (Aragorn) sei der beste Schwertkämpfer gewesen, den er je in seiner Karriere trainiert habe.

Über 300 Pferdesättel wurden vom Sattler Tim Abbot für die Filmtrilogie hergestellt.

Das Balrog-Grollen wurde mit einem Ziegelstein erzeugt, der langsam über Beton gezogen wird.

Wenn Gollum beim Sprechen spuckt, handelt es sich um die echte Spucke von Gollum-Darsteller Andy Serkis, der später (bis auf seine Spucke) wegretuschiert wurde.

Alleine in Deutschland haben fast 12 Millionen Menschen *Der Herr der Ringe: Die Gefährten* im Kino gesehen. Insgesamt haben alle drei Filme weltweit etwa 3 Milliarden US-Dollar eingespielt.

Als Gollum im ersten Film *Die Gefährten* kurz in Moria auftaucht, sieht er etwas anders aus als in den anderen Filmen, da sein Look zu dem Zeitpunkt noch nicht fertig entwickelt worden war.

TOLKIEN FACTS

Promipärchen in Rohan

Peter Jackson wollte ursprünglich, dass die Rollen von Éowyn und Faramir von dem Schauspielerehepaar Uma Thurman und Ethan Hawke übernommen werden. Weil Ethan Hawke ein großer Tolkien-Fan ist, stimmten die beiden auch gleich zu. Doch kurz vor Produktionsbeginn wurde die Tochter der beiden geboren und sie entschieden sich kurzfristig um, denn mit einem Baby für zwei Jahre ans andere Ende der Welt zu ziehen, konnten sie sich zu dem Zeitpunkt nicht vorstellen. In einer Talkshow sagte Uma Thurman viele Jahre später, dass dies eine der »schlechtesten Entscheidungen« gewesen sei, die sie jemals getroffen habe.

König der Statisten

Der neuseeländische Schauspieler Jed Brophy ist ein langjähriger Freund von Peter Jackson und in der *Herr der Ringe*-Filmtrilogie in einem Dutzend größerer Statistenrollen zu sehen. In *Der Hobbit* durfte er dann sogar den Zwerg Nori verkörpern. Sein Sohn ist ebenfalls in den Filmen zu sehen und spielt Eldarion, den Sohn von Arwen, der seiner Mutter in einer Vision erscheint.

TOLKIEN FACTS

Einmal Hölle und zurück

Die Schlacht um Helms Klamm wurde über vier Monate nachts in einem Steinbruch nahe der neuseeländischen Hauptstadt Wellington unter künstlichem Regen gedreht und von allen Beteiligten als Tortur beschrieben. Zum Trost bekamen sie anschließend ein T-Shirt geschenkt, auf dem »I Survived Helm's Deep« stand. Wobei der Buchstabe »m« mit einem »l« übermalt war, wodurch das Wort »Hell's Deep« enstand.

Änderungen am laufenden Band

Das Drehbuch für *Der Herr der Ringe* wurde während der 15-monatigen Drehzeit fast täglich von Jackson und seinen Co-Autorinnen Fran Walsh und Philippa Boyens umgeschrieben. Manchmal bekamen die Schauspieler erst in der Nacht vor dem Dreh oder am Morgen im Make-up-Trailer den neuen Text zum Auswendiglernen. Auch Boromirs berühmte Rede bei Elronds Rat wurde erst einige Minuten vor Drehbeginn präsentiert. Wenn man genau hinguckt, sieht man, wie Sean Bean gelegentlich den Blick senkt, um auf die neue Drehbuchseite zu schauen, die auf sein Knie geklebt war.

Aragorn-Darsteller Viggo Mortensen hat viele seiner Stunts selbst gemacht.

Orlando Bloom (Legolas) hat sich während der Dreharbeiten eine Rippe gebrochen, als er von seinem Pferd fiel und Gimli-Double Brett Beattie auf ihm landete.

Die Kinder von Peter Jackson und Fran Walsh sind in vielen Gastauftritten zu sehen, unter anderem als Hobbitkinder, die Bilbos Geschichte lauschen, oder als Flüchtlingskinder in Helms Klamm. Im *Hobbit* ist ihre Tochter Katie unter anderem als Schankmaid im Tänzelnden Pony zu sehen.

Sams Hobbittochter Elanor am Ende der Filmtrilogie ist Alexandra Astin, die echte Tochter von Sam-Schauspieler Sean Astin. Das Baby auf dem Arm seiner Hobbitfrau Rosie Hüttinger war das echte Baby der Schauspielerin Sarah McLeod.

Auch Russell Crowe wurde die Rolle von Aragorn angeboten. Er lehnte aber ab, weil er gerade erst für *Gladiator* vor der Kamera gestanden hatte und nicht schon wieder einen Film drehen wollte, in dem er Schwert und Rüstung trägt.

John Rhys-Davies spielt zwar den Zwerg Gimli, ist aber mit einer Körpergröße von 1,85 Meter der größte Schauspieler der Ringgemeinschaft.

Die Schreie der Nazgûl waren eine Kombination aus Schreien der Drehbuchautorin Fran Walsh und dem Quietschen von Plastikbechern, die aneinandergerieben wurden

Legolas ist in der *Herr der Ringe*-Verfilmung 2931 Jahre alt. In Wahrheit hat J. R. R. Tolkien aber niemals Angaben zum Alter von Legolas gemacht, es handelt sich um eine reine Erfindung der Filmemacher.

Bei der finalen Szene des ersten Films trat Sam-Darsteller Sean Astin in eine Glasscherbe auf dem Grund des Sees, als er Frodos Boot hinterherrennen sollte. Sean Astin wurde mit einem Hubschrauber ins nächste Krankenhaus geflogen und die Verletzung musste mit 20 Stichen genäht werden.

Legolas Augenfarbe in der *Herr der Ringe*-Trilogie wechselt mehrfach zwischen blau und braun. Schauspieler Orlando Bloom hat wohl in mehreren Szenen vergessen, seine blauen Kontaktlinsen zu tragen.

Als die Planungen für die *Herr der Ringe*-Verfilmung begannen, war Katie, die Tochter des Regisseurs Peter Jacksons, gerade geboren. Als *Der Hobbit: Die Schlacht der Fünf Heere* ins Kino kam, in dem sie als eine Frau aus Seestadt zu sehen ist, war sie 18 Jahre alt. Sie hat also quasi ihre gesamte Kindheit und Jugend mit den Tolkien-Verfilmungen ihres Vaters verbracht.

Bob und Harvey Weinstein, die Produzenten von Miramax, wollten Peter Jackson zwingen, aus dem gesamten Roman einen einzelnen Film zu machen, und nicht, wie von Jackson ursprünglich geplant, einen Zweiteiler. Als der sich weigerte, gaben sie ihm vier Wochen Zeit, eine neue Produktionsfirma zu finden. Peter Jackson ging zu New Line Cinema, und dort schlug Produzent Bob Shaye vor, nicht zwei, sondern drei Filme aus dem Roman zu machen.

Sean Connery wurde die Rolle von Gandalf angeboten, er gab aber später zu, dass er die Rolle und die Handlung nicht verstanden hätte.

Bilbo-Darsteller Ian Holm hatte viele Jahre zuvor (1981) im BBC-Hörspiel *Der Herr der Ringe* den Frodo gesprochen. Peter Jackson, der mit dem Hörspiel aufgewachsen war, wollte ihn deshalb unbedingt als Bilbo mit an Bord haben.

Jake Gyllenhaal sprach für die Rolle von Frodo vor, wurde aber gleich aussortiert, weil er es nicht hinbekam, einen englischen Akzent zu sprechen.

In der frühen Produktionsphase wollte der damalige Produzent Bob Weinstein, dass einer der vier Hobbits während der Filme stirbt. Peter Jackson fand die Idee absurd und erzählte später seinem Biografen: »In solchen Situationen nickt man einfach und lächelt und sagt: ›Nun, das können wir in Betracht ziehen.‹«

Um die enorme Bedeutung und das Gewicht des Einen Rings zu verdeutlichen, wurde der Boden in Beutelsend magnetisch gebaut, damit der Ring, wenn Bilbo ihn fallen lässt, nicht abprallt.

Das Haupttor von Helms Klamm war so schwer und gut gebaut, dass der echte Rammbock, der die Tore einreißen sollte, dies nicht schaffte.

TOLKIEN FACTS

Die Frau im Hintergrund

Peter Jacksons Ehefrau Fran Walsh ist eine der wichtigsten Personen der *Herr der Ringe*-Filmproduktion. Sie fungierte als Drehbuchautorin, Produzentin und Regisseurin. In den Making-ofs und Interviews taucht sie aber kaum auf, weil sie ihre Privatsphäre schützen wollte.

Ein Pony mit Hindernissen

Lutz das Pony wurde in ein paar Szenen, beispielsweise auf den Gipfeln des Nebelgebirges oder in den Mückenwassermooren, von zwei Schauspielern dargestellt, die in einem Ponykostüm steckten. Es sei ein totaler Krampf gewesen, das Pony durch die Sümpfe laufen zu lassen, weil die Darsteller in diesem Kostüm völlig blind waren und bis zu den Hüften im Matsch steckten, erinnert sich Peter Jackson im neunten Kapitel seiner Biografie. Lutz versuchte zu laufen, fing dann aber an zu schwanken, und alle mussten herbeieilen und ihn auffangen, damit er nicht umkippte. »Es gab einen witzigen Moment«, erinnerte sich Jackson, »in dem sich die Vorderbeine ohne die Hinterbeine bewegten und Lutz zu einer Art langem Würstchen gestreckt wurde!«

TOLKIEN FACTS

Kultsatz

Sams Satz am Ende von *Der Herr der Ringe: Die zwei Türme*, dass es »Gutes in dieser Welt« gibt, für das es sich zu kämpfen lohne, stammt von Drehbuchautorin Philippa Boyens und wäre fast nicht zustande gekommen: Boyens befürchtete, der Satz wäre zu kitschig. Heute zählt er zu den meistzitierten Stellen der Filmtrilogie.

Mord am Schicksalsberg

Die finale Konfrontation zwischen Frodo und Gollum in *Die Rückkehr des Königs* sollte ursprünglich damit enden, dass Frodo Gollum von der Kante in den Abgrund stößt. Es sei ein regelrechter Mord gewesen, gibt Jackson im Kapitel »Ring-Master« in seiner Biografie zu, aber damals hätten sie es in Ordnung gefunden, weil sie das Gefühl gehabt hätten, dass die Zuschauer wollten, dass Frodo Gollum tötet. Aber natürlich widerspreche das komplett Tolkiens Vorstellung von Frodo. Jahre später wurde die Szene so nachgedreht, wie sie im Buch beschrieben wird und schließlich im Film zu sehen ist.

Der Herr der Ringe: Die Gefährten enthielt ursprünglich eine Szene, in der die Helden von einer Gruppe Orks überfallen werden, während sie durch die Stromschnellen von Sarn Gebir rudern. Aber als die Dreharbeiten anstanden, zog eine Unwetterfront über Neuseeland hinweg und eine gewaltige Flut – die im neuseeländischen Queenstown sogar den Ausnahmezustand auslöste – riss das gesamte Filmset fort.

Die Worte, die Gríma Schlangenzunge zu Éowyn sagt (»… Euch die Wände Eures Gemachs sich nähernd umdrängen«) werden im Roman von Gandalf in den Häusern der Heilung ausgesprochen.

Um genügend Darsteller für die Reiter von Rohan zu finden, wurden alle neuseeländischen Pferdebesitzer aufgerufen, sich bei der Filmproduktion zu bewerben. Es meldeten sich vor allem Frauen, was dazu führte, dass die Mehrheit der Rohirrim in den Filmen Frauen mit angeklebten Bärten sind.

Saurons Turm Barad-dûr hat in der *Herr der Ringe*-Verfilmung eine Höhe von über 1500 Metern, ist also fast doppelt so hoch wie das höchste Gebäude auf der Erde.

Im ursprünglichen Finale von *Die Rückkehr des Königs* gab es einen Zweikampf zwischen Aragorn und Sauron, aber im Schnitt fühlte sich diese Szene für Peter Jackson nicht mehr richtig an und wurde herausgeschnitten. Dennoch wurde das Filmmaterial verwendet. In der Schlacht am Schwarzen Tor kämpft Aragorn jetzt in der finalen Fassung gegen einen riesigen Troll, der digital über den Sauron-Darsteller gelegt wurde.

In der Szene, in der die Gefährten im Nebelgebirge um den gefallenen Gandalf trauern, hatte noch keiner der beteiligten Schauspieler den Gandalf-Darsteller Ian McKellen persönlich getroffen, da die Filme und die Szenen nicht in chronologischer Reihenfolge gedreht worden waren.

Gimli-Darsteller John Rhys-Davies hat in der Originalfassung der Filmtrilogie auch Baumbart dem Ent seine Stimme geliehen. Die Idee wurde bei der deutschen Synchronisation aufgegriffen, in der beide Rollen von dem Synchronsprecher Wolfgang Hess gesprochen werden.

Anders als in der Filmtrilogie, hatte Legolas im Roman vermutlich dunkles Haar. Auch wenn Tolkien sich bei der Haarfarbe nicht eindeutig festlegte, heißt es in *Der Herr der Ringe*: »Sein Kopf war dunkel.«

Die Arbeiter der Orkschmiede, die in *Die Gefährten* unterhalb von Isengart zu sehen sind, wurden von den Mitarbeitern von Weta Workshop gespielt, die die in den Filmen verwendeten Waffen hergestellt haben.

Damit die Münder der Orks innen schwarz sind, mussten die Darsteller vor jeder ihrer Szenen ein Mundwasser auf Lakritzbasis gurgeln.

Die Filmkulissen von Minas Tirith und Helms Klamm wurden nacheinander im gleichen Steinbruch bei Wellington errichtet, der von der nahe gelegenen Bundesstraße aus einsehbar war. Da damals noch niemand wusste, wie erfolgreich die Filme werden würden, war die Zahl der Schaulustigen relativ gering.

Der Kampf von Éowyn mit dem Hexenkönig musste Mitte 2003 komplett nachgedreht werden, weil die erste Rüstung des Hexenkönigs zu sehr an die Rüstung von Sauron aus dem Prolog erinnerte und Peter Jackson befürchtete, dass die Zuschauer die beiden Figuren verwechseln könnten.

Da Peter Jackson die echte Nase von Ian McKellen zu klein fand, musste der Gandalf-Schauspieler während des Drehs eine künstliche Nase tragen.

Für die Szene, in der Frodo von Kankra gestochen wird, hatte Elijah Wood zwei Brausetabletten unter seiner Zunge versteckt, die er zerkaute, um weißen Schaum zu erzeugen. Der Schaum trat dann aus seinem Mundwinkel hervor.

Das Make-up für Gimli aufzutragen, dauerte jeden Tag viereinhalb Stunden.

Für die Herstellung der wichtigen Rüstungen, wie zum Beispiel der von Sauron, wurde bei Weta Workshop eine echte Schmiede eingerichtet und die Rüstungen aus echtem Metall per Hand geschmiedet.

Die vier Hobbit-Schauspieler mussten jeden Morgen um fünf Uhr beim Maskenbildner erscheinen, damit ihre künstlichen Hobbitfüße angebracht werden konnten. Dafür mussten sie eineinhalb Stunden aufrecht stehen. Besonders ärgerlich war dies für sie, wenn die Füße an einem Tag letztlich gar nicht gefilmt wurden.

Aragorn-Darsteller Viggo Mortensen trug während der Dreharbeiten auch in der Freizeit sein Waldläufer-Schwert fast immer bei sich. Wenn er unterwegs war, lag es auf der Rückbank seines Autos.

Als Inspiration für Saurons Helm diente der Schädel eines toten Pferdes.

Die Kulissen für die Totensümpfe wurden auf einem Parkplatz neben einer Eisenbahnstrecke nahe Wellington errichtet. Bahnreisende konnten im Vorbeifahren beobachten, wie Frodo und Sam die Sümpfe durchquerten.

Die Kettenhemden der Filmtrilogie wurden über zwei Jahre lang aus über 12,5 Millionen Plastikringen von zwei Weta-Mitarbeitern per Hand hergestellt. Gimlis Kettenrüstung bestand aus 80 000 Kunststoff-Kettenringen.

Während die meisten Schwerter für die *Herr der Ringe*-Verfilmung aus Aluminium oder Kunststoff waren, wurden 100 Schwerter von Schwertschmied Peter Lyon aus echtem Stahl geschmiedet. Er brauchte für ein Schwert ungefähr eine Woche.

Über 500 Bögen und 10 000 Pfeile wurden für die *Herr der Ringe*-Filmtrilogie hergestellt.

In der *Herr der Ringe*-Verfilmung gab es insgesamt 20 000 Komparsenrollen.

In der Szene gegen Ende von *Die Gefährten,* in der Sam fast im See ertrinkt, war Darsteller Sean Astin nicht wirklich unter Wasser. Es handelt sich um eine sogenannte Dry-for-Wet-Sequenz, bei der der Schauspieler unter besonderer Beleuchtung von Windmaschinen angeblasen wird. Das Ganze wird dann in Zeitlupe abgespielt und sieht aus, als befände sich der Schauspieler unter der Wasseroberfläche.

Für die *Herr der Ringe*-Filmtrilogie schufen 40 Näherinnen unter der Leitung von Ngila Dickson etwa 19 000 Kostüme.

Von jedem Hobbitkostüm in der *Herr der Ringe*-Trilogie existieren 40 Versionen, unter anderem für die Größen- und die Stunt-Doubles.

Gimli-Darsteller John Rhys-Davies reagierte allergisch auf sein Make-up und litt anderthalb Jahre an einem schlimmen, juckenden Hautausschlag.

Bei den Dreharbeiten der Flussfahrt auf dem Anduin kenterte bei einem Unfall das Elbenboot von Legolas und Gimli. Als Gimli-Double Brett Beattie in seiner schweren Rüstung schnell unter Wasser gezogen wurde, rettete ihm Orlando Bloom das Leben.

Der Herr der Ringe war der erste Film von Orlando Bloom überhaupt, der damals frisch von der Schauspielschule kam.

Für seine Darstellung von Gandalf ließ sich Ian McKellen von Video- und Audiointerviews mit J. R. R. Tolkien inspirieren.

Um die Hobbit-Schauspieler kleiner erscheinen zu lassen, wurden verschiedene Filmtricks angewandt. Der einfachste Kniff war es, dass sie sich einfach vor den großen Charakteren hinknien mussten.

Weil Viggo Mortensen erst nach Drehstart gecastet wurde, hatte er bei seiner ersten Szene, dem Kampf gegen die Ringgeister auf der Wetterspitze, noch keine einzige Stunde Schwertkampftraining absolviert.

Einige der Wildwasseraufnahmen während der Flucht der Zwerge in den Fässern in *Der Hobbit: Smaugs Einöde* wurden mit GoPro-Action-Cams gedreht, die es günstig überall zu kaufen gibt.

Thorin-Darsteller Richard Armitage hat als Kind in einem *Hobbit*-Theaterstück einen Elben gespielt.

Weil Gandalf-Synchronsprecher Joachim Höppner 2006 verstorben war, wurde der Zauberer in den deutschen Fassungen der *Hobbit*-Filmen von Eckart Dux gesprochen.

Lee Pace, der in den *Hobbit*-Filmen Legolas' Vater Thranduil spielt, ist zwei Jahre jünger als Legolas-Darsteller Orlando Bloom.

Während der Dreharbeiten zum *Hobbit* fungierte Gollum-Darsteller Andy Serkis als Second Unit Director.

Die von den Filmemachern erfundenen Mädchen Sigrid und Tilda (die Töchter von Bard) werden von Peggy und Mary Nesbitt, den Töchtern von Bofur-Schauspieler James Nesbitt, gespielt.

Der Herr der Ringe hatte 276 und der *Hobbit* 266 reguläre Drehtage (ohne Nachdrehs).

TOLKIEN FACTS

Staraufgebot für Hauptrolle

Für die Hauptrolle des Bilbo Beutlin in den *Hobbit*-Filmen hatten unter anderem Daniel Radcliffe, Shia LaBeouf, Josh Widdicombe, Eddie Redmayne, James McAvoy und Tobey Maguire vorgesprochen. Peter Jackson wollte aber unbedingt Martin Freeman haben. Als dieser absagte, weil er für die Dreharbeiten der BBC-Serie *Sherlock* schon verplant war, änderte Jackson den kompletten Drehplan, sodass es am Ende doch funktionierte.

Hobbit-Regisseur Guillermo del Toro

Ursprünglich war der Mexikaner Guillermo del Toro (bekannt durch *Pans Labyrinth*) der Regisseur der *Hobbit*-Filme und betreute auch zwei Jahre lang die Vorproduktion in Neuseeland. Er verließ das Projekt, nachdem sich der Drehstart durch rechtliche Probleme mehrfach verzögert hatte. Peter Jackson übernahm den Regiestuhl.

TOLKIEN FACTS

Zwerg, wechsle dich

Der Zwerg Filí wurde in der *Hobbit*-Trilogie ursprünglich vom Schauspieler Rob Kazinsky (bekannt aus *True Blood*) gespielt, der die Dreharbeiten aber aus familiären Gründen schon nach ein paar Tagen verlassen musste. Er wurde durch Dean O'Gorman ersetzt. In zwei kurzen Einstellungen im ersten Film kann man Kazinsky noch sehen.

Mit doppelter Frequenz

Die drei *Hobbit*-Teile waren die ersten Hollywoodfilme, die mit einer Bildfrequenz von 48 Frames pro Sekunde gezeigt wurden, also mit doppelt so vielen Bilder pro Sekunde wie bei herkömmlichen Filmen. Viele Kinos mussten daher ihre Projektionstechnik kostspielig aufrüsten. Der dadurch entstehende hyperrealistische Look kam aber bei den Fans nicht so gut an, da er an Seifenopern im Fernsehen erinnerte.

Den größten Sprechanteil in der *Hobbit*-Filmtrilogie hat Bilbo mit fast 4000 Wörtern, knapp gefolgt von Gandalf. Am wenigsten Text hat Bombur, der in allen drei Extended Editions zusammen nur zwei kurze Sätze sagt.

Evangeline Lilly, die Darstellerin der Waldelbe Tauriel, hat nicht nur mit Merry-Darsteller Dominic Monaghan für die Serie *Lost* gemeinsam vor der Kamera gestanden, sondern war auch drei Jahre mit ihm zusammen.

Das spektakuläre »Forced Perspective«-Verfahren der *Herr der Ringe*-Trilogie (um die Größenverhältnisse der Hobbits und Zwerge darzustellen) konnte für den *Hobbit* nicht verwendet werden, weil in 3-D gefilmt wurde und das Verfahren nur in 2-D funktioniert.

Aidan Turner (Kíli) war der einzige Zwergendarsteller, dessen Bart im Film echt war.

Gegen Ende von *Der Hobbit: Die Schlacht der Fünf Heere* beauftragt Thranduil seinen Sohn Legolas damit, nach einem Waldläufer namens Streicher zu suchen. Dies ist eine zeitliche Abweichung von Tolkiens Chronik, da Aragorn eigentlich zu diesem Zeitpunkt erst zehn Jahre alt ist und in Bruchtal wohnt.

Gimlis Vater Glóin ist einer der Zwerge in Thorins Reisegruppe. In der *Hobbit*-Verfilmung trägt Glóin die gleiche Kampfaxt wie Gimli in den *Herr der Ringe*-Filmen.

Das Gespräch zwischen Bilbo und Gollum wurde an einem der ersten Drehtage wie bei einem Theaterstück ohne Unterbrechungen in einem Take gedreht.

Der weiße Oberork Azog, der Thorin und Gefährten in den *Hobbit*-Filmen jagt, ist zu diesem Zeitpunkt der Handlung eigentlich schon 142 Jahre tot. Laut Roman fiel er in der Schlacht im Schattenbachtal.

Sir Ian Holm (der alte Bilbo) und Sir Christopher Lee (Saruman) drehten ihre Szenen für die *Hobbit*-Filme in den Londoner Pinewood Studios, weil sie aus gesundheitlichen Gründen nicht den langen Flug nach Neuseeland auf sich nehmen konnten. Es sind die einzigen Szenen in allen sechs Filmen, die außerhalb von Neuseeland gedreht wurden.

Die drei Trolle im ersten *Hobbit*-Film werden von den neuseeländischen Schauspielern William Kircher, Peter Hambleton und Mark Hadlow gespielt, die auch die Zwerge Bifur, Glóin und Dori verkörpern.

»The Last Goodbye«, der Abspann-Song des dritten *Hobbit*-Films, wird von Pippin-Darsteller Billy Boyd gesungen.

Ursprünglich hatten Peter Jackson und seine Frau Fran Walsh in den 1990er-Jahren geplant den *Hobbit* vor dem *Herrn der Ringe* zu verfilmen.

Für die künstlichen Perücken und Bärte in den *Hobbit*-Filmen wurde vor allem das Haar von hochasiatischen Yaks verwendet.

Um der Stimme des Nekromanten in den *Hobbit*-Filmen einen gruseligen Touch zu verleihen, sprach Schauspieler Benedict Cumberbatch die Dialogzeilen in der Schwarzen Sprache rückwärts. Im Schnitt wurden die Aufnahmen dann wieder umgedreht, wodurch der unwirkliche Effekt entsteht, der im Film zu hören ist.

Für die langwierigen Dreharbeiten der wilden Flussfahrt der Zwerge in den Fässern hatten die Schauspieler oft über Stunden keine Möglichkeit, die künstlichen Studio-Wassertanks zu verlassen. Später gaben sie in Interviews zu, sich einfach ins Wasser erleichtert zu haben, wenn es nicht anders ging.

10 KRASSE VERFILMUNGS-UNTERSCHIEDE

1. Eine Nacht unter Elben

Im Roman treffen Frodo, Sam und Pippin kurz nach ihrem Aufbruch noch im Auenland auf eine Elbengruppe unter der Führung von Elbenfürst Gildor Inglorion aus dem Hause Finrods. Da die Hobbits bereits von den Nazgûl verfolgt werden, lädt Gildor sie ein, ein wenig mit der Elbengruppe zu wandern und auch die nächtliche Rast bei ihnen zu verbringen. In einem abendlichen Gespräch erklärte Gildor, dass er bereits über Frodos Reise in Kenntnis gesetzt worden sei.

Als die Hobbits am nächsten Morgen aufwachen, sind die Elben verschwunden. In der *Herr der Ringe*-Filmtrilogie taucht Gildor vermutlich aus zeitlichen und dramaturgischen Gründen nicht auf. In der Extended Edition von *Die Gefährten* ist jedoch eine Szene enthalten, in welcher Frodo und Sam die Gruppe Elben durch den nächtlichen, auenländischen Wald ziehen sehen, was eine nette Verbeugung vor der Buchszene ist.

2. Tom Bombadil und der alte Wald

Kurz nachdem sie das Auenland verlassen haben, müssen die Hobbits im Roman den verzauberten Alten Wald durchqueren, der ihren Geist mit Verwirrung und Müdigkeit überzieht. Als die Hobbits sich ausruhen wollen, werden sie von einer bösartigen Trauerweide angegriffen und erst in letzter Sekunde von dem mysteriösen Tom Bombadil gerettet, einem lustigen Gesellen mit einem hohen Hut und gelben Stiefeln, der viel singt und lacht. Er lädt sie in sein Haus ein, in dem er gemeinsam mit seiner Frau Goldbeere wohnt.

Als Frodo Tom Bombadil den Einen Ring zeigt, nimmt dieser ihn, steckt ihn auf den Finger, bleibt aber sichtbar und gibt ihn Frodo unbeeindruckt zurück. Für Regisseur Peter Jackson war schon früh klar, dass Tom Bombadil nicht in der Verfilmung vorkommen wird, da er nur neue Fragen aufwirft, die Handlung aber nicht vorantreibt. Als Trost gibt es in der Extended Edition von *Die zwei Türme* eine kleine Hommage an diese rausgeschnittene Passage, in der die Hobbits Merry und Pippin in den Wurzeln eines Baumes eingeklemmt werden und Baumbart sie mit den Worten von Tom Bombadil befreit: »Iss Erde! Grabe tief! Trink Wasser! Geh schlafen!«

3. Arwen und Aragorn

Arwen ist im *Herr der Ringe*-Roman kaum präsent. Sie wird nur einmal kurz namentlich in Bruchtal erwähnt und taucht am Ende zur Überraschung vieler Leser für die Hochzeit mit Aragorn auf. Nur in den Anhängen widmet sich J. R. R. Tolkien dem Liebespaar in einem etwas ausführlicheren Abschnitt. Weil diese Liebesgeschichte viel erzählerisches Potenzial hat und zudem die Möglichkeit bot, mehr weibliche Präsenz auf der Leinwand zu haben, baute Peter Jackson sie aus.

In diesem Zuge tauschte er den Elbenfürsten Glorfindel, der im Roman Aragorn und den Hobbits von Bruchtal aus entgegenreitet und Frodo vor den Ringgeistern rettet, kurzerhand gegen Arwen aus. Ursprünglich war auch geplant, dass Arwen in der Schlacht um Helms Klamm aktiv mitkämpft, was aber aufgrund von massiven Fan-Protesten wieder verworfen wurde. Stattdessen ließen die Filmemacher sie in Rückblicken, Visionen und Träumen auftauchen, die das Bild der Liebesbeziehung und der damit verbundenen Schwierigkeiten abrunden, sodass die Hochzeit am Ende das fulminante Finale bilden kann.

Trotz der starken Abweichung von der Romanvorlage empfinden viele Fans diese Geschichte als sehr buchgetreu, da sie Tolkiens grundlegende Idee dieser Liebesbeziehung gut darstellt.

4. Isildurs Fluch

Eines der wichtigsten dramaturgischen Elemente in Hollywoodfilmen ist die Entwicklung der Hauptfiguren und das Hadern mit dem eigenen Schicksal. Im *Herr der Ringe*-Roman hat Aragorn keinen Zweifel an seiner königlichen Herkunft und trägt auch das geborstene Schwert Narsil immer bei sich, um eines Tages den Thron zu besteigen.

Während der Film-Aragorn an sich zweifelt und befürchtet, den gleichen Fehler wie sein Vorfahre Isildur zu machen, ist der Buch-Aragorn von Anfang an von sich selbst überzeugt und weiß um seine Fähigkeiten. Diese Änderung ermöglicht den Filmemachern, eine Entwicklung des Charakters darzustellen, die die Zuschauer aktiv miterleben können, sodass Aragorns Krönung im Finale schließlich auch einen emotionalen Höhepunkt bildet.

5. Angriff der Wargreiter

Der Zug der Flüchtlinge aus Edoras auf dem Weg nach Helms Klamm wird in der Verfilmung von *Die zwei Türme* von Sarumans Wargreitern überfallen. Während Éowyn die Frauen und Kinder sicher in die Klamm führt, reiten Aragorn, Legolas, Gimli und die Rohirrim in den Kampf. Torwächter Háma wird dabei von einem Warg getötet (im Roman stirbt er erst bei der Schlacht um Helms Klamm) und Aragorn stürzt im

Kampfgetümmel von einer Klippe und wird ebenfalls für tot gehalten, hat aber währenddessen eine Vision von Arwen. Diese Szene existiert im Roman so nicht, wurde aber offenbar vom Wargangriff kurz vor Moria inspiriert, der es nicht in die Verfilmung geschafft hat.

Die Wargszene ist vermutlich die größte Handlungsabweichung von der literarischen Vorlage, dient aber in der Verfilmung einem wichtigen dramaturgischen Zweck, denn sie bringt nicht nur neue Spannung in eine ruhige Phase der Erzählung, sondern bietet den Filmemachern im Anschluss auch die Möglichkeit, die Dreiecksbeziehung von Arwen, Aragorn und Éowyn ausführlicher zu beleuchten, was ursprünglich mit einer kämpfenden Arwen in Helms Klamm realisiert werden sollte (siehe Punkt 3).

6. Elben bei Helms Klamm

Eine der eindrucksvollsten Szenen in *Die zwei Türme* ist der Aufmarsch der Elben unter Haldirs Kommando in Helms Klamm. Während im Roman nur Elronds Söhne auftauchen (und das auch erst nach der Schlacht), sind es im Film etwa 500 Elben aus Lothlórien, die den Rohirrim gegen die Uruk-hai zur Seite stehen. Peter Jackson wollte damit verdeutlichen, dass Saruman alle Völker von Mittelerde bedroht, nicht nur die Menschen. Im Roman werden beispielsweise auch Angriffe der Uruk-hai auf Lothlórien und den Düsterwald erwähnt.

Außerdem greift der Regisseur das Motiv der Kooperation der freien Völker aus dem Prolog noch einmal auf, um zu verdeutlichen, dass es immer noch ein Bündnis zwischen Elben und Menschen gibt. Vermutlich war die Szene aber auch ein Kompromiss an den Schnittprozess, da ja ursprünglich die Ankunft einer Elbenarmee unter Arwens Führung gedreht worden war und in fast allen Kampfszenen nun auch Elben zu sehen waren. Arwen wieder rauszuschneiden, war das eine, aber alle Elben aus dem Kampf zu entfernen, wäre unverhältnismäßig aufwendig gewesen. Im Prinzip hätte man die komplette Schlacht noch einmal neu drehen müssen.

7. Mit Faramir nach Osgiliath

Durch die Aufteilung der Handlung in drei Filme standen die Filmemacher vor dem Problem, dass es in *Die zwei Türme* kein emotionales Finale gab – beispielsweise durch einen dramatischen Charaktertod. Ein Konflikt musste her, um das dramaturgische Filmgerüst zu stützen. Dies lösten Jackson und sein Team, indem sie Faramir zu einem bedrohlichen Hindernis auf Frodos Reise zum Schicksalsberg machten: Faramir verschleppt Sam und Frodo nach Osgiliath, um sie samt Ring seinem Vater auszuliefern. Während Faramir im Roman von Anfang an edelmütig und hilfreich ist, wurde ihm in der Verfilmung ein innerer Konflikt angedichtet, der der Figur nicht nur mehr Tiefe, sondern auch die Möglichkeit zur Entwicklung verleiht.

In einem Interview erzählt Peter Jackson, dass diese drastische charakterliche Veränderung von Faramir auch notwendig gewesen sei, damit die Bedrohung durch den Einen Ring weiterhin glaubwürdig sei. Es mache keinen Sinn, den Ring als die ultimative Verführung einzuführen und dann einen Waldläufer auftauchen zu lassen, der ihm einfach widerstehen kann. Die Spannung dieses Handlungsstranges wird zudem dadurch gesteigert, dass dann auch noch ein Nazgûl auftaucht und Frodo fast seinen besten Freund Sam tötet. Ironischerweise bemerkt Sam kurz darauf, dass alles an ihrer Situation falsch sei und sie gar nicht an diesem Ort sein dürften.

8. Ghân-buri-Ghân

Als König Théoden mit seinem Heer in Richtung Minas Tirith zieht, trifft er im Roman auf Ghân-buri-Ghân, den Häuptling des indigenen Drúedain-Volkes, welches die Wälder Anóriens am Weißen Gebirge bewohnt. Dieser erweist sich als große Hilfe, als er dem König berichtet, dass Minas Tirith belagert wird, und ihn davor warnt, die Große Weststraße zu benutzen, da diese durch Orks und Ostlinge blockiert wird. Er führt Théoden und sein Gefolge durch den Wald und zeigt ihnen die sichere Karrenstraße im Steinkarrental.

Peter Jackson und sein Team haben diese Szene kurzerhand rausgekürzt, weil es zu diesem Zeitpunkt der Handlung bereits genügend Völker und Charaktere gibt, über die der Zuschauer einen Überblick behalten muss. Zudem wäre dieser Handlungsstrang nicht wirklich relevant für die Haupthandlung gewesen und konnte daher ohne Probleme weggelassen werden. Immerhin haben die Designer von Weta Workshop bei der Umsetzung von Dunharg und dem Eingang zu den Pfaden der Toten einige gestalterische Anspielungen auf die Drúedain untergebracht. Aragorn-Darsteller Viggo Mortensen äußerte in einem späteren Interview einmal, dass er von allen Handlungskürzungen diese am meisten bedauere.

9. Gandalf und der Hexenkönig

Als im Roman bei der Schlacht um Minas Tirith das große Stadttor mit der Riesenramme Grond zerstört wird, strömen nicht wie in der Verfilmung die Orks in die Stadt. Vielmehr reitet nur der Hexenkönig auf einem Pferd durch das Tor. Alle gondorianischen Krieger fliehen vor seinem Antlitz, und nur Gandalf stellt sich ihm auf Schattenfell entgegen und gebietet ihm, umzukehren. Als der Hexenkönig Gandalf mit dem Tod droht, ertönen plötzlich Hörner, und die Reiterschar der Rohirrim greift an.

In der Verfilmung ist der Angriff auf die Stadt wesentlich intensiver und actionreicher dargestellt. Die Begegnung von Gandalf und dem Hexenkönig ist in der Kinofassung aber gar nicht enthalten und findet in der Extended Edition an einer komplett anderen Stelle auf der Stadtmauer statt. Dabei lässt der Hexenkönig, der in der Verfilmung nicht auf einem Pferd, sondern auf einem geflügelten Reittier sitzt, den Stab von Gandalf zerspringen, wodurch Gandalf von seinem Pferd fällt und wesentlich schwächer und verletzlicher erscheint als im Roman.

Diese Änderung hat rein dramaturgische Gründe, um die Situation als noch auswegloser darzustellen, was die Spannung extrem steigert und den darauffolgenden Angriff der Rohirrim noch epischer erscheinen lässt. Viele Fans haben die Zerstörung von Gandalfs Stab kritisiert, weil sie Tolkiens Darstellung widerspricht, der in seinen Werken schreibt, dass mit dem Zerbrechen des Stabes auch die Macht des Zauberers gebrochen wird.

10. Die Befreiung des Auenlandes

Als Frodo und die anderen Hobbits im Roman von ihrer langen, beschwerlichen Reise endlich in ihre Heimat zurückkehren, finden sie das Auenland zerstört und von gesetzlosen Menschen besetzt vor. Dahinter steckt niemand Geringeres als der gefallene Zauberer Saruman, der das Auenland aus Rache an Frodo unterwerfen will. Doch die Hobbits wehren sich erfolgreich gegen die Invasoren. Als die Lage schließlich aussichtslos erscheint, schneidet Gríma Schlangenzunge dem Zauberer während eines Streits vor der Tür von Beutelsend die Kehle durch und wird dann durch hastig abgeschossene Pfeile der Hobbits getötet.

In seiner Verfilmung hat Peter Jackson auf dieses Ende verzichtet, weil er vermeiden wollte, nach der Zerstörung des Einen Rings und der Krönung von Aragorn noch einmal einen neuen Handlungsstrang aufzumachen, der das Ende des Films nur unnötig herausgezögert hätte. In der Verfilmung gibt es nur in der Szene mit Galadriels Spiegel einen kurzen Hinweis auf die Zerstörung des Auenlandes in Form einer Vision. In der Extended Edition von *Die Rückkehr des Königs* sieht man zudem, wie Gríma Saruman auf dem Orthanc von hinten absticht und dann von Legolas mit einem gezielten Schuss selbst getötet wird.

Namárië

QUELLEN

Botes, Costa: *The Making of ›The Lord of the Rings‹* (DVD)

Carpenter, Humphrey: *J. R. R. Tolkien: Eine Biographie*. Klett Cotta, Stuttgart, 1979

Fonstad, Karen Wynn: *Historischer Atlas von Mittelerde – Vollständig überarbeitete Ausgabe*. Klett Cotta, Stuttgart 1994

Foster, Robert: *Das große Mittelerde-Lexikon*. Bastei Lübbe, Bergisch Gladbach 2002

Garth, John: *Tolkien and the Great War: The Threshold of Middle-earth*. HarperCollins, London, 2003

Hammond, Wayne G.; Scull, Christina: *The Lord of the Rings: A Reader's Companion*. Harper Collins, London 2005

Johansson, Emil: LOTRPROJECT.com, abgerufen April 2022

Lobdell, Jared (hg): *A Tolkien Compass*. The Open Court Publishing, La Salle 1975

Nathan, Ian: *Anything you can imagine – Peter Jackson and the Making of Middle-earth*. Harper Collins, London 2018

Pesch, Helmut W.: *Das Licht von Mittelerde*. BoD, Norderstedt 2018

Pesch, Helmut W.: *Das große Elbisch-Buch*. Bastei Lübbe, Köln 2009

Shippey, Tom: *Der Weg nach Mittelerde*. Klett Cotta, Stuttgart 2008

Sibley, Brian: *Der Herr der Ringe – Wie der Film gemacht wurde*. Klett Cotta, Stuttgart 2002

Sibley, Brian: Peter Jackson: *A Film-maker's Journey*. Harper Collins, London, 2006

Thompson, Kristin: *The Frodo Franchise*. UC Press, Berkeley 2007

Tolkien, J. R. R.: *Der Herr der Ringe/Anhänge*. Klett Cotta, Stuttgart 1988

Tolkien, J. R. R.: Anderson, Douglas A.: *Das große Hobbit-Buch*. Klett Cotta, Suttgart, 2012

Tolkien, J. R. R.: *Nachrichten aus Mittelerde*. Klett Cotta, Stuttgart 1983

Tolkien, J. R. R.: *Das Buch der verschollenen Geschichten* (Teil 1 & 2). Klett Cotta, Stuttgart 2011

Tolkien, J. R. R.: *Natur und Wesen von Mittelerde*. Klett Cotta, Stuttgart 2021

Tolkien, J. R. R.: Carpenter, Humphrey (hg.): *Briefe*. Klett Cotta, Stuttgart 1991

Tolkien, J. R. R.: *Die Abenteuer des Tom Bombadil und andere Geschichten aus dem Roten Buch*. Klett Cotta, Stuttgart 1984

Quellen

Tolkien, J. R. R.: *The History of Middle-earth: Sauron Defeated – The End of the Third Age: The History of The Lord of the Rings, part four & The Notion Club Papers & The Drowning of Anadûnê*. Harper Collins, London 2002

Tolkien, J. R. R.: *Das Silmarillion*. Klett Cotta, Stuttgart 2011